AF494171

HISTOIRE

DE LA

BARBE.

IMP. DE ASSY ET COMP., LITHOGRAPHES, A REIMS.

HISTOIRE
DE LA BARBE
R le Dr PHILI
J.J. Muquart del.
R. Schmitz lith.
Lith. Assy & Cie a Reims.

HISTOIRE

PHILOSOPHIQUE, POLITIQUE ET RELIGIEUSE

DE LA

BARBE,

CHEZ LES PRINCIPAUX PEUPLES DE LA TERRE,

DEPUIS LES TEMPS LES PLUS RECULÉS JUSQU'A NOS JOURS,

PAR LE Dr PHILLIPPE,

CHIRURGIEN EN CHEF DE L'HÔTEL DIEU DE REIMS, MEMBRE DE
PLUSIEURS SOCIÉTÉS SAVANTES NATIONALES
ET ÉTRANGÈRES.

Du côté de la barbe est la toute-puissance.
(MOLIÈRE.)

Tantæ molis erat barbatam condere gentem!

« Tant c'était une chose ardue,
» Que d'établir la gent barbue ! »
(*Guerre Séraphique*, liv. III, p. 218.)

A PARIS,

Chez MARTINON, Éditeur-Libraire, rue Coq-St-Honoré, 4.

A REIMS,

Chez { GODIN, Libraire-Éditeur, rue Colbert, 2 ;
{ BRISSART-BINET, Libraire-Édit., rue du Cadran-St-Pierre.

1845

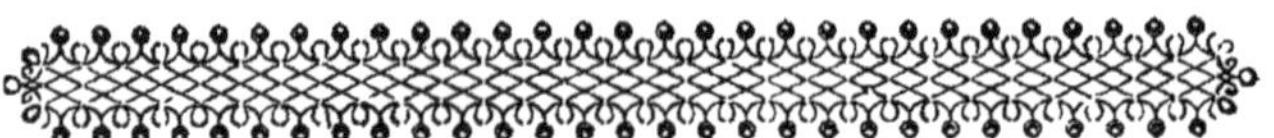

PROLÉGOMÈNES.

Il existe une souveraine dont les ordres les plus gênants n'éprouvent jamais d'opposition ; nul ne réclame contre ses décrets, ses fantaisies sont des oracles ; elle change les mœurs à son gré, se moque des convenances, et fait plier la sévère raison sous la marotte de la folie.

Elle règle le bien et le mal, fait et défait les réputations, donne de la beauté aux laides, de l'esprit aux sots, et de la science aux charlatans.

Elle résiste impunément aux remontrances de la justice, aux conseils de la sagesse, et souvent même aux préceptes de la morale.

Cette souveraine, c'est la mode, que le vieux Montaigne appelait la *grande empérière* du monde.

On a dit que la France était son royaume, et que Paris était son séjour favori.

Cette proposition n'est pas tout-à-fait exacte.

La mode est cosmopolite par essence ; semblable à une épidémie, elle envahit successivement toutes les contrées du monde, vole de climats en climats pour fonder son tyrannique empire, quitte un pays pour émigrer sur d'autres plages et y faire de nouveaux esclaves.

Pareille encore aux globes qui sillonnent l'espace, elle décrit une orbite plus ou moins longue, et revient, après bien des siècles, à son point de départ, pour ressusciter des usages oubliés, et faire revivre des coutumes tombées en désuétude.

Contagieuse de sa nature, elle infiltre dans toutes les classes ses bizarreries, ses caprices et ses extravagantes excentricités.

Ce que je viens de dire s'applique exactement à mon sujet, comme on en acquerra bientôt la conviction.

La connaissance des modes antiques forme une branche immense de littérature qui a de nombreux enthousiastes. C'est la passion des antiquaires.

Elle se lie logiquement à l'histoire générale des peuples et *donne la clef du génie et du caractère des nations,* comme dit Rollin. Parmi les histoires de ces usages, de ces modes, celle de la barbe tient sans contredit un rang distingué.

Quoiqu'elle ne semble pas d'une nature fort sérieuse, et qu'elle n'apparaisse tout d'abord aux yeux de la multitude que comme une frivolité et un simple badinage, cependant elle touche à l'homme d'assez près pour lui emprunter un degré d'importance qu'on sera certainement surpris d'y rencontrer.

Les pouvoirs les plus élevés de la terre n'ont pas dédaigné de s'occuper de la barbe, et la distinction capitale qui résulte, dans le visage humain, de son absence ou de sa présence, n'est pas une chose qui se soit traitée à la légère et sans laisser de traces.

Dieu lui-même, devant tout son peuple assemblé, a bien voulu, par l'organe de Moïse, s'expliquer sur le régime de cette décoration de la face de l'homme.

En effet, la loi mosaïque ne défend pas seulement de se raser le menton, comme le rapporte la *Vulgate*, mais, suivant les meilleures versions de la Bible, on y lit (*Lévitique, chap.* 19, *v.* 27) : *Neque in rotundum attondebitis comam : nec radetis barbam. — Vous ne couperez pas vos cheveux en rond ; et vous ne raserez pas votre barbe. »*

Religieusement respectée à une époque, proscrite ou dédaignée dans une autre, la barbe est devenue le jouet du caprice et de l'inconstance des hommes.

Sacrée chez les Hébreux et les premiers Chrétiens, condamnée avec chaleur par quelques papes , protégée spécialement par d'autres, elle fut successivement regardée par l'Eglise comme une hétérodoxie révoltante ou comme le symbole de l'humilité chrétienne.

Jamais sous les papes Clément VII et Paul III les capuchons des disciples de Saint François n'ont soulevé d'aussi chaudes discussions que celles dont la barbe a été l'objet. Jamais la question des perruques n'a excité , parmi les ecclésiastiques, de disputes plus irritantes.

Enfin, jamais sujet n'a causé plus de troubles

iv

échauffé plus de cerveaux, et essuyé plus de tribulations.

Les souverains eux-mêmes ne sont pas restés étrangers aux persécutions que la barbe a subies aux différentes époques de l'histoire. S'il en est qui l'ont
couverte de leur royale égide et qui lui ont donné
l'hospitalité, on en compte d'autres qui lui ont déclaré
une guerre implacable et qui l'ont impitoyablement
repoussée de leurs Etats.

Nous marcherons à travers tous ces orages, et, les
annales du monde à la main, nous passerons en revue
les phases diverses que la barbe a traversées avant de
ressusciter pleine de gloire au milieu de nous ; nous
dirons les profondes catastrophes dont elle a été victime, l'ostracisme qui l'a exilée, quelquefois pendant
plusieurs siècles, du menton de l'homme, les com-
bats qu'elle a eu à soutenir contre les princes de l'Eglise
et les têtes couronnées, les luttes dans lesquelles elle
a succombé, et enfin les victoires qui lui ont rendu le
sceptre qu'elle paraît tenir aujourd'hui en souveraine.

Les vicissitudes par lesquelles la barbe a passé depuis l'origine des peuples sont racontées dans les livres et inscrites sur les monuments que nous ont lais-
sés l'architecture, la sculpture et la peinture des
nations qui ne sont plus. Les arcs-de-triomphe, les
bas-reliefs antiques, les marbres tumulaires, les colonnes, les verrières, les pierres gravées sont des repré-
sentations muettes d'une incontestable authenticité.

La numismatique, qui prête un appui si secourable
à l'histoire, abonde aussi en témoignages dont la fidé-
lité ne peut être contestée, et les médailles, en don-

nant l'effigie des personnages , reproduisent aussi leurs modes et leurs costumes avec une exactitude irréprochable.

J'ai puisé à toutes ces sources.

Vers le milieu du xvie siècle on vit éclore sur la barbe plusieurs ouvrages dont j'ai pu retrouver quelques fragments perdus dans les richesses des bibliothèques publiques.

Le hasard m'a fait découvrir chez un étalagiste de cette ville la traduction d'un livre intitulé *Barbalogia Valeriano Vannetti*, 1750.

Entre autres paradoxes , ce *Vannetti* soutient avec chaleur contre l'illustre Van-Helmont , qu'Adam fut créé avec de la barbe au menton ; mais je confesse que, malgré le désir de contrôler cette assertion , je n'ai pas eu le courage de remonter vers une antiquité aussi reculée pour vérifier ce fait, qui, du reste, m'a toujours paru quelque peu contestable.

La volumineuse collection de l'histoire des conciles m'a fourni d'importants documents pour ce qui concerne la barbe des prêtres, et les Pères de l'Eglise ont été mis à contribution pour différents points de controverse et de discipline ecclésiastique.

La *Guerre séraphique, où l'on voit les dangers qu'a couru la barbe des Capucins par les attaques des Cordeliers,* est un ouvrage rare et curieux, quoique mal écrit, où j'ai trouvé de précieux renseignements.

La philosophie de la barbe a fourni au savant et spirituel *Dulaure* , dont je trahis l'anonyme, le sujet d'une petite brochure rédigée dans un style moitié sérieux , moitié badin , qui fut imprimée en 1786, à Constantinople (Paris) , sous le titre de *Pogo-*

nologie. C'est un livre où l'on rencontre de bonnes choses sur la barbe ; mais je le crois sujet à caution, et n'en ai détaché, pour cette raison, que ce qui m'a paru en harmonie avec la vérité de l'histoire.

Un ouvrage sans nom d'auteur, imprimé en 1826, m'a été confié par notre savant bibliophile, M. *Hédouin de Pons-Ludon,* dont la riche bibliothèque a été mise, par son extrème obligeance, tout entière à ma disposition. Ce petit livre, quoique bien incomplet, et dans lequel on retrouve quelques passages mal déguisés de *Dulaure,* m'a été d'un grand secours pour ce qui est relatif à la barbe des Français.

Grâce aux soins et à la bienveillance de cet érudit, les questions chronologiques ont été revues de manière à pouvoir braver toute espèce de contrôle, et plusieurs points obscurs de l'histoire ont été dilucidés par lui avec une sûreté qui met au défi les hommes les plus compétents dans ces matières.

J'ai trouvé aussi dans le Dictionnaire de la Conversation, dans le Dictionnaire des Dates et dans l'Encyclopédie méthodique, des faits historiques qui ne sont pas sans intérèt.

Je manquerais aux devoirs sacrés de l'amitié et de la reconnaissance si je ne rappelais pas publiquement que je suis redevable à M. *L. Paris,* conservateur de la bibliothèque, d'indications savantes et sûres, sans lesquelles j'aurais pu m'égarer dans le labyrinthe de l'antiquité.

Parmi les auteurs anciens qui ont parlé de la barbe, j'ai cité plus particulièrement, et après en avoir scrupuleusement vérifié le texte, *Hérodote, Plutarque, Cicéron, Tacite, Pline, Tite-Live, Strabon, Suétone.*

Les poëtes grecs et latins, tels qu'*Homère, Virgile, Ovide, Ausone, Juvénal, Perse, Martial, Properce,* etc., n'ont point été oubliés.

L'ouvrage ayant pour titre : *Icones, Vitæ et Elogia imperatorum Romanorum, ab Huberto Goltzio, è priscis numismatibus — Antverpiæ MDCXLV,* m'a été d'un grand secours pour l'histoire de la barbe sous les empereurs romains. Quant à ce qui est relatif à la barbe en France, j'ai fouillé les principaux chroniqueurs, et notamment *Brantôme, Tallemant des Réaux, Mézerai, Mabillon, Odon de Deuil, Guillaume de Nangis.*

J'ai abondamment moissonné dans le recueil des historiens des Gaules et de la France, par les religieux bénédictins, et dans le livre ayant pour titre *Monuments français pour servir à l'histoire des arts depuis le* VIe *jusqu'au* XIXe *siècle,* par Willemin.

Parmi les œuvres des laborieux et infatigables bénédictins, j'ai surtout étudié celles de *B. de Montfaucon,* sur les antiquités, coutumes et modes grecques et romaines.

J'ai emprunté aux ouvrages d'*Amédée Thierry, Pfister* et *Serpette de Marincourt,* sur les antiquités gauloises, et à l'histoire des costumes français, publiée par notre compatriote M. *Herbé,* dont la modestie égale le savoir, les matériaux qui se rattachaient directement à mon sujet.

Les différents traités de glyptique et de sigillographie ont été mis à profit et comparés entre eux avec le plus grand soin.

J'ai interrogé, pour la barbe des peuplades lointaines, les voyageurs et les navigateurs célèbres, les

capitaines Cook et Carver, Bougainville, Arago, Dumont d'Urville ; et pour les barbes russes, l'excellent
ouvrage de M. de Custine.

Enfin, pour compléter mes recherches, j'ai eu recours à l'obligeance de M. Duquénelle, qui m'a ouvert
ses trésors de numismatique et qui m'a permis d'étudier
sa collection de médailles et de monnaies romaines,
l'une des plus rares et l'une des plus riches, sans
contredit, qui existent en France.

On restera donc convaincu, d'après ce qu'on vient
de lire, que les historiens, les philosophes, les mora-
listes, les poëtes et les Pères de l'Eglise ont fait de la
barbe l'objet de leurs méditations.

Mais ce qu'il importe de faire remarquer, c'est
qu'elle n'a jamais été considérée sous le même point
de vue. Les uns en ont parlé sous le rapport chrono-
logique, d'autres se sont renfermés dans les limites
d'une province ou d'un royaume. Tel rapsode s'est
contenté de l'embellir des charmes de la poésie. Celui-ci fulmine contre les mentons rasés, celui-là dresse
des autels aux barbes longues. Enfin, certains écrivains n'ont parlé seulement que des barbes du clergé.
Après avoir réuni péniblement tous ces travaux épars
en maints endroits, j'ai pris à tâche de les coordon-
ner et de les relier en faisceau compacte, pour
en faire un modeste compendium que j'abandonne à
l'indulgence du lecteur.

CHAPITRE Ier.

Idée présumée du Créateur en dotant l'homme de la barbe. — Considérations médicales. — Hygiène de la barbe. — De ses avantages et de ses inconvénients au point de vue moral et physique.

Plusieurs docteurs, se ruant comme Pangloss à la recherche de la raison suffisante des choses, ont, dans le cours des siècles, savamment disserté sur l'utilité de la barbe, et sur le but qu'a dû se proposer le Créateur en faisant ce présent à l'homme.

La barbe, a-t-on dit, serait-elle une sentinelle vigilante placée autour de la bouche et des narines, et aurait-elle reçu la mission de garantir ces ouvertures naturelles contre les offenses des corps étrangers, comme les cils sont plantés au bord des voiles membraneux des paupières pour protéger la surface de l'organe de la vision ?

Mais alors pourquoi la femme, à part quelques exceptions que nous nous garderons bien de passer sous silence, en est-elle déshéritée ? pourquoi ne jouit-elle pas du privilége accordé à l'homme, et pourquoi le menton de celui-ci ne commence-t-il à fleurir qu'à une certaine époque de sa vie? Dieu n'a fait rien en vain ; on ne pourrait penser autrement sans accuser notre père commun d'imprévoyance, et sans taxer d'inconséquence ce qui a dû être l'effet d'un plan motivé et arrêté par la haute sagesse de l'auteur de toutes choses.

Donner à l'homme un air grave et sévère, lui conserver sur le sexe l'empire que la nature lui a concédé, faire briller sur son visage les traits caractéristiques de la virilité, telles sont quelques-unes des prérogatives de la barbe.

Mais ce n'est pas du côté philosophique seulement que la barbe doit être envisagée; chacun sait en effet que cette messagère vient annoncer à l'adolescent que le temps est venu où ses organes vont lui donner une existence nouvelle et qu'un duvet naissant l'avertit que pour lui les beaux jours de l'enfance ne sont plus. Ceux qui considèrent la barbe sous un autre point de vue, et qui veulent aussi lui assigner un but final, professent des doctrines qu'il n'est pas tout-à-fait inutile de rapporter.

Les uns prétendent qu'une longue barbe, en entretenant uniformément la transpiration, maintient l'harmonie des fonctions, et qu'en la coupant on court le risque de contracter les affections les plus graves.

Pierius Valerianus, dans un ouvrage intitulé : *Pro Sacerdotum barbis*, dit que ceux qui se rasent souvent sont torturés par d'horribles douleurs dentaires, assaillis par de fréquentes esquinancies, et fatigués par des nausées dues au relâchement de la luette.

Le médecin *Adrien Junius*, qui vivait au xvie siècle, assure que la barbe est un préservatif de plusieurs maux.

Gentien Hervet (1), dans son deuxième dis-

(1) Natif d'Olivet, près Orléans ; il était chanoine de l'église de Reims, possédait à un haut degré les langues anciennes,

cours sur les barbes, rapporte qu'après le concile de Trente plusieurs ecclésiastiques ayant été, comme nous le verrons plus loin, dans l'obligation de se raser, furent atteints de douleurs de tête opiniâtres, et d'érysipèles du visage.

Bonaparte, qui n'était pas docteur, quoique membre de l'Institut, mais qui savait observer et qui s'entendait à résumer ses observations, a dit quelque part dans ses Mémoires : « Les Orientaux se rasent le crâne » et portent la barbe, les ophthalmies sont » chez eux plus fréquentes que la perte des » dents; les Européens se rasent le menton » et conservent leurs cheveux, les maladies » des dents sont plus communes chez eux » que les ophthalmies. »

Des hommes qui ont la manie de vouloir tout interpréter disent que ce n'est pas sans raison que les anciens avaient représenté Esculape, le dieu de la médecine, orné d'une épaisse barbe d'or. Suivant eux,

assista au concile de Trente, publia un grand nombre d'ouvrages, mourut en 1584 et fut enterré dans le Chapitre avec une épitaphe grecque et latine ; il eut un neveu qui, médecin célèbre à Reims, enseigna à l'Université de cette ville la médecine et le grec ; il mourut à 82 ans et fut enterré aux Carmes.

cette barbe symbolique annonçait aux Grecs non-seulement qu'il fallait conserver leurs mentons barbus, mais encore elle témoignait par la richesse de son métal combien la barbe était précieuse à leur santé.

Ce ne fut pas impunément, si l'on en croit encore quelques auteurs, que Denys le Tyran eut l'impiété d'enlever au dieu de la médecine cette riche toison; ils regardent comme un châtiment de ce sacrilége le besoin où sa méfiance le mettait de se faire brûler la barbe par ses enfants avec des coquilles de noix ardentes, plutôt que de recourir aux barbiers de Syracuse.

La dénomination que les Latins donnèrent à la barbe nous prouve qu'ils étaient persuadés qu'elle les mettait à l'abri de plusieurs maladies auxquelles nous exposent l'inclémence de l'air et la nudité du corps : ils l'appelaient *vestis,* et *investis* (dépouillé) celui qui n'avait pas encore atteint l'âge de puberté.

Enfin, il y a des auteurs qui admettent que la chevelure peut entretenir au profit de la santé la transpiration de la tête, que les sourcils absorbent la sueur du front et l'empêchent de tomber sur les paupières, que les cils écartent du globe de l'œil les corpuscules qui voltigent dans l'atmosphère, mais qui s'obstinent à ne reconnaître aucune utilité dans la barbe. Tel est le sommaire des doctrines qui ont eu cours à différentes époques : il n'entre pas dans mon sujet de les discuter, Dieu m'en garde; je professe d'ailleurs un profond respect pour chacune d'elles.

Quoi qu'il en soit, s'il est vrai de dire que la barbe puisse nous préserver, quand on la laisse croître, d'une infinité de maux, il faut reconnaître aussi qu'elle n'est pas exempte de certains inconvénients, surtout chez les priseurs, je n'ai pas besoin de dire pourquoi. Ses détracteurs, après l'avoir traduite à leur barre, lui reprochent surtout de gêner l'appréhension et l'ingestion des aliments. Certes, voilà une accusation qui doit mettre les gastronomes dans une cruelle perplexité; en effet, comment faire ? se raser le menton pour dégager les abords de la bouche et alors risquer la perte des dents, ou bien conserver à la mâchoire son édredon pour le salut des trente-deux fonctionnaires de la trituration ?

Je ne veux pas continuer plus long-temps

cette discussion hygiénique, j'aime mieux ramener mon sujet dans le domaine de la physiologie.

Avant d'entrer dans le champ des considérations physiologiques, j'aurais pu parler des caractères anatomiques de la barbe, des conduits membraneux qui en contiennent la racine, du bulbe, de sa tige, de ses caractères chimiques, de ses propriétés physiques; mais c'était perdre de vue le but que je me suis proposé, celui d'écrire un ouvrage pour les gens du monde généralement peu soucieux des dissertations trop souvent fastidieuses de la science. — Je ménagerai donc leurs moments, et tiendrai compte de leur bon sens.

CHAPITRE II.

Physiologie de la barbe.

La barbe offre des variétés de couleur, de densité qu'il importe d'étudier, puisque ces conditions se rapportent au tempérament des individus, au climat qu'ils habitent, à leur âge, à l'état de leurs forces, à la nature des aliments.

La barbe est noire, sèche, dure, souvent rare chez les hommes d'un tempérament bilieux qui sont dans l'âge mûr, chez ceux qui habitent les pays chauds et secs, comme les Arabes, les Éthiopiens, les Indiens, les Italiens, les Espagnols.

Les hommes de constitution lymphatique, au contraire, les jeunes gens, les habitants des contrées brumeuses et humides, les Hollandais, les Anglais, ont généralement la barbe blonde, épaisse et douce au toucher.

On sent parfaitement que le concours de plusieurs des circonstances que je viens d'énoncer doit rendre plus prononcées ces diverses qualités de la barbe.

Souvent ces conditions se balancent; elles s'associent de manière qu'il en résulte des effets moyens qui peuvent fournir une infinité de variétés.

Les saisons, qui imitent l'action des climats, peuvent influer sur la couleur de la barbe.

La nourriture peut amener dans sa texture des changements notables.

Avec une nourriture bonne, succulente, humide, la barbe est douce, molle, veloutée.

Elle est âpre au toucher, ses poils sont gros et durs lorsque les aliments sont durs et la digestion pénible.

Cette opinion, avancée par Aristote, est vérifiée et confirmée par les changements que l'on voit survenir dans la laine des moutons, selon la nourriture qu'ils prennent.

Qu'on me passe la comparaison.

Il est des couleurs dans la barbe qu'on peut regarder comme accidentelles et maladives : telle est en particulier la couleur rouge-ardent bien prononcée. Elle indique une constitution scrofuleuse ; aussi la rencontre-t-on plus fréquemment dans le Nord. Cette couleur était en faveur chez les Grecs, puisqu'ils la donnaient à plusieurs de leurs dieux, mais elle était en horreur chez les Egyptiens et chez les Juifs.

La couleur de la barbe n'est pas toujours en harmonie avec celle des cheveux ; avec des cheveux d'un noir de jais s'allie souvent une barbe d'un ton clair et ardent. C'est ce qu'on remarque chez un grand nombre de personnes.

Chez ces malheureux qu'un supplice raffiné condamne au vil métier de gardiens des femmes dans les harems, lorsque l'opération a été pratiquée après l'âge de puberté, la barbe continue à pousser, quoique moins épaisse. Vers l'âge de cinquante ans, elle tombe, et sa chute constitue le premier signe de la décrépitude.

Si l'opération a été exécutée dans l'enfance, le menton reste nu à jamais ; la chevelure, par opposition, prend un développement plus énergique et ne tombe pas, même dans la vieillesse la plus avancée.

Chez les vieillards, la barbe croît d'une manière plus active.

La vieillesse la fait passer, ainsi que les cheveux, quoique un peu plus tard que ceux-ci, et par des dégradations successives, au blanc le plus éclatant.

On a dit, et cette opinion est confirmée par l'expérience, que la crue de la barbe est plus rapide en été qu'en hiver. Ce phénomène doit être attribué à la différence d'action organique de la peau dans les deux saisons.

Ce qui est aussi vrai, c'est que la barbe croît d'autant plus vite qu'on la coupe plus souvent, qu'on la soumet à des lotions savonneuses ou irritantes, énumérées fort longuement par Camerarius, ou à une lessive de chaux, comme le pratiquèrent les Gaulois ; tous moyens qui ont pour résultat de faire affluer le sang à la peau du visage.

La barbe pousse, terme moyen, d'une ligne par semaine, de quatre pouces par an, d'après la remarque de Withof, cité par Haller.

Si on multiplie ces quatre pouces par 52 (nombre des années pendant lesquelles la barbe a poussé depuis l'âge de dix-huit ans), l'on se convaincra qu'un vieillard arrivé à sa soixante-dixième année s'est successivement retranché plus de seize pieds de sa barbe.

Cependant si on l'abandonne à elle-même, la barbe ne dépasse *généralement* pas le milieu de la poitrine.

La barbe croît encore après la mort.

Bartholin rapporte que le cadavre d'un homme dont la barbe était courte et noire, l'avait longue et blanche quelques heures après la cessation de la vie.

Garmannus va jusqu'à affirmer que la barbe fut plusieurs fois coupée sur un cadavre.

Un père conserve les restes d'un fils qu'il avait tendrement aimé. Après quelques jours, il veut le contempler. La barbe de ce fils, qu'on avait rasée immédiatement après la mort, était devenue tellement longue que cet infortuné père s'abusa au point de croire que la mort de son enfant n'était qu'apparente.

Comment expliquer ce phénomène ? Les Péripatéticiens admettent, avec raison suivant nous, que la barbe agit comme toute substance hygrométrique, en s'emparant de l'humidité des corps et de celle qui règne dans l'atmosphère. Les lois de la physique moderne confirment cette interprétation.

CHAPITRE III.

Pathologie de la barbe. — Changements de la barbe sous
l'influence des affections morales et des maladies.— Fontaine de Jouvence. — Retour apparent à la jeunesse.

Ce qui n'est ordinairement que l'effet de
l'âge, qui imprime son cachet sur tout notre être, le chagrin l'opère souvent dans
un très-court espace de temps.

Une seule nuit passée dans les angoisses
de l'attente du supplice a quelquefois dé-
terminé des révolutions si profondes, même
chez les jeunes gens, que leurs bourreaux
les méconnaissaient à la blancheur presque
subite que leur barbe avait contractée.

La peur peut opérer la même métamorphose, comme on peut s'en convaincre en lisant les ouvrages de *Pechlin, Hamberger, Schenck, Levinus Lemnius, Bichat,* etc.

Cette canitie si rapide rappelle ce passage d'un auteur latin :

O nox! quam longa es, quæ facis una senem!

Les maladies n'agissent pas avec moins de puissance sur la barbe. — La barbe blanchit et tombe dans le cours des maladies qui portent une atteinte profonde au principe de la vie, comme le typhus, ainsi qu'à la suite d'une hémorrhagie foudroyante; elle pousse souvent avec une rapidité surprenante chez les poitrinaires, ce qui est dû vraisemblablement à l'activité plus grande de la peau, qui devient le vicaire du poumon. (*Dict. des sciences médicales,* t. III.)

La barbe est sujette à la *plique.*

La barbe pliquée, trichomatique, peut acquérir des dimensions extraordinaires.

Bachstrom rapporte l'histoire d'un Juif chez lequel elle avait grandi jusqu'au point de descendre jusqu'à terre.

Le docteur *Corona* a vu à Rome un er-

mite polonais dont la barbe pliquée descen-
dait de son lit jusque sur le parquet de sa
chambre.

C'est principalement chez les Juifs, sans
contredit les plus sales habitants du globe,
que cette hideuse maladie a été observée
jusqu'alors.

La coupe de la barbe ne doit pas être
regardée comme une chose indifférente,
surtout à la suite de certaines maladies.
Plusieurs exemples confirment l'opinion
des anciens à cet égard. Le docteur Duchâ-
teau a vu deux fois la syncope, la fièvre et
des symptômes nerveux suivre, presque immédiatement, l'action de se faire raser au
commencement d'une convalescence.

Un homme qui relevait d'une fluxion de
poitrine se fait raser : le lendemain, la re-
spiration s'embarrasse, la fièvre s'allume et
la mort a lieu dans la nuit suivante. (*Dict.
des sciences médicales*, t. XLIII.).

Cependant, on ne peut préciser dans quel
genre d'affections il est avantageux de raser
la barbe ou de la laisser croître. Des règles générales peuvent d'autant moins être
établies à ce sujet, que les faits rapportés
sont souvent en opposition. Ainsi, on lit

dans Séger (*Epist. med. cent.*, III, pag. 275) l'histoire d'un moine qui devenait aveugle toutes les fois qu'il se rasait, et celle d'un capucin qui fut guéri d'une maladie longue et cruelle par la coupe de sa barbe.

Chez certaines natures privilégiées on a vu se réaliser la fable de la fontaine de Jouvence, et la barbe déjà parsemée de filets argentés, reprendre sa teinte primitive. L'un des Rédacteurs du grand dictionnaire des sciences médicales, feu le docteur Chaumeton, offrait ce phénomène d'une manière marquée. *Schurig* rapporte l'histoire de plusieurs vieillards, déjà blanchis par l'âge, qui sont revenus par une marche rétrograde à une seconde jeunesse, par la réapparition de la couleur première de leur barbe. (*Histoire de l'Académie des sciences*, 1702, page 29.)

... positis novus exuviis nitidusque juventâ.

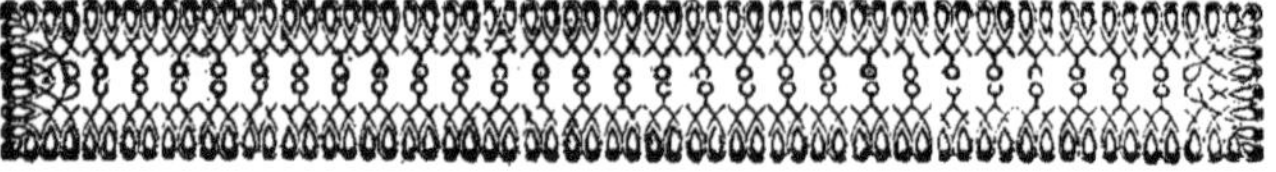

CHAPITRE IV.

Des plus longues barbes mentionnées dans l'histoire.—Passe-temps de l'empereur *Charles-Quint*.— Dernières paroles de *Thomas Morus*, chancelier d'Angleterre.— Les trois points du sermon de l'évêque de *Belley*, et les trois mèches de sa barbe.—Sa Grandeur l'Evêque de Grenoble, et la grandeur de sa barbe.

Les plus célèbres auteurs ont fait mention honorable des plus longues barbes de l'antiquité.

Le divin Homère parle en termes touchants de la barbe du vieux Nestor, du malheureux roi Priam, de Diomède, et d'Hector :

Squallentem barbam et concretos sanguine crines.

(VIRGILE ; Enéid.)

Virgile nous peint Mézence la poitrine couverte d'une longue barbe.

Pline le jeune rappelle la barbe blanche d'Euphrate, philosophe syrien, et il se plaît à rapporter la crainte respectueuse qu'elle inspirait aux peuples.

Plutarque cite avec complaisance la longue barbe d'un vieillard laconien qui répondait à ceux qui lui demandaient pourquoi il la laissait croître ainsi : *C'est afin que je ne fasse rien qui soit indigne de sa noble blancheur.*

Strabon, en parlant des Gymnosophistes, philosophes indiens, dit que pour eux la longueur de leur barbe avait pour but de captiver la vénération.

Perse était si convaincu que la barbe était le symbole de la sagesse, qu'il ne croit pas mieux faire l'éloge de Socrate qu'en l'appelant le maître barbu, *magistrum barbatum.*

Au dixième siècle, le roi Robert, concurrent de Charles le Simple, ralliait ses soldats dans la défaite en tirant hors de sa cuirasse son immense barbe qu'il y tenait renfermée dans les temps ordinaires.

Hans Adam, baron d'Oxenstiern, qui naquit à Stockholm en 1529, avait une barbe de six pieds deux pouces de long.

Le chevalier de Thalberg, dont la force était prodigieuse, s'embarrassait dans la sienne en marchant.

Marescotti parle d'un ecclésiastique extrêmement robuste qui perdit ses forces en faisant couper sa barbe dont la longueur était démesurée; ce qui nous rappelle l'histoire de Samson, ou encore celle de Nisus reproduite par les Grecs, sous des formes plus gracieuses.

Jean Mayo, peintre célèbre d'Allemagne, faisait deux fois le tour de son corps avec la sienne; l'empereur Charles-Quint s'amusait souvent à dénouer cette énorme barbe, et à la faire voler au gré du vent, contre le visage des seigneurs de sa cour que ce jeu n'amusait que médiocrement.

Un Evêque de Grenoble étant à table laissa tomber quelque chose sur sa barbe qui était d'une taille gigantesque, un valet s'empresse de le faire remarquer au prélat, en lui disant : *Monseigneur, il y a une ordure sur la barbe de Votre Grandeur.* L'un des convives répliqua au domestique : *Que ne dis-tu sur la grandeur de votre barbe?*

Lorsque le savant Camus, évêque de Belley,

l'un des hommes les plus illustres de son siècle, et l'un des plus barbus, montait en chaire, il avait pour habitude de diviser sa barbe en deux ou trois toupets, selon la division des points de son sermon. (Dulaure.)

Le fameux chancelier d'Angleterre, *Thomas Morus*, étant sur le point d'être décapité, et craignant que sa longue barbe ne fût offensée par le fer de l'exécuteur, la replia avec beaucoup de soin, et dit avec l'accent du plus profond chagrin : *Ma barbe n'a point commis de trahison, il n'est pas juste qu'elle soit punie.* (Eloge de Thomas Morus par Butler.)

Fénélon, pour nous peindre un prêtre d'Apollon dans toute sa majesté, dit qu'il avait une barbe blanche qui dépassait la ceinture.

Plusieurs hommes remarquables se sont fait honneur de porter le surnom de Barbus.

L'empereur Constantin IV est désigné dans plusieurs ouvrages sous l'épithète de *Pogonat,* qui signifie barbu.

Dans l'histoire des Croisades on trouve un Geoffroy le Barbu.

On lit dans une charte de 1023 que Bau-

douin, comte de Flandre, était surnommé :
« à la belle barbe, » *honesta barba.*

Les Montmorenci comptent dans leur
illustre maison un membre qui avait aussi
le surnom de Barbu, et qui était l'ennemi
déclaré des moines dont le menton, à l'é-
poque où il vivait, était toujours rasé.

CHAPITRE V.

Les femmes sont-elles de toute éternité déshéritées de la
barbe ?
Des femmes barbues, de celles qui le sont peu, de celles qui
ne le sont pas du tout.

La physiologie, qui a la prétention de tout
expliquer, enseigne que l'absence de la
barbe chez les femmes tient à la fonction
cataméniale.

D'un autre côté, des plaisants pensent
que c'est pour une autre raison que les
femmes n'ont pas de barbe au menton.

Le *Ménagiana*, ce recueil des *Odryades*
du XVIIe siècle, en donne l'explication sui-

vante, que la physiologie reste maîtresse d'admettre ou de refuser :

> Sais-tu pourquoi, cher camarade,
> Le beau sexe n'est point barbu ?
> Babillard comme il est, on n'aurait jamais pu
> Le raser sans estafilade.

Pensée médiocrement galante, mais qui parut si belle à cette génération amie du sonnet, folle du distique et du quatrain, que l'éditeur a dû la reproduire en vers grecs, latins, italiens, espagnols, anglais, allemands, et ce, pour l'instruction et l'édi-fication des différents peuples de la terre.

Quoi qu'il en soit, par une sorte de jeu cruel, malheureux à la fois pour les deux sexes, la nature se complaît quelquefois à couronner une bouche et un menton fémi-nin de cet attribut de la force et de la puis-sance. Hippocrate cite l'exemple d'une bourgeoise d'Abdere, *Phetusa*, dont le ma-ri, Pythias, était retenu depuis long-temps en exil, et qui, un matin, se réveilla barbue autant que la princesse *Dolorida* avant son désenchantement par Don Quichotte et Sancho.

Des autorités recommandables nous apprennent que Marguerite, gouvernante des Pays-Bas, eut la face revêtue d'une très-longue et très-forte barbe. Le ciel lui avait donné des sujets, mais sans doute elle l'eût remercié davantage s'il lui avait donné les attraits de son sexe.

Un naïf historien parle d'une femme suédoise qui s'était enrôlée dans les grenadiers de Charles XII. « Ce qui contribuait surtout à la faire prendre pour un soldat, raconte-t-il, c'était sa barbe noire, très-épaisse, et qui avait une aune et demie de longueur. Il est vrai qu'il s'empresse d'ajouter en note et pour le repos de sa conscience : *mesure russe*. Cette femme fut faite prisonnière à la bataille de Pultawa, et amenée ensuite à Pétersbourg où elle fut présentée au czar en 1724.

Dans le cabinet de curiosités de Stuttgard on voit le portrait d'une femme nommée *Bartel Graetjé* dont le menton est ombragé d'une barbe très-fournie. C'est en 1587 qu'elle fut peinte.

Ceux qui, en 1726, ont passé le carnaval à Venise, ont vu une danseuse qui étonnait les spectateurs autant par sa barbe noire et touffue que par sa souplesse et sa gracieuse légèreté.

Le *Constitutionnel* du 26 janvier 1845 rapporte l'anecdote suivante : Mme Lefort est citée à la huitième chambre de police correctionnelle pour déposer dans une affaire de vol. L'huissier appelle Mme Lefort : aussitôt on voit arriver un personnage avec une barbe et des favoris qui auraient fait envie aux sapeurs de la garde.— Mais, Monsieur, lui dit l'officier public, c'est Mme *Lefort* qui est appelée en ce moment. — Je le sais, répliqua ce prétendu Monsieur, c'est pour cela que je me présente; je suis Mme Lefort. (*Grand ébahissement dans l'auditoire et parmi les magistrats; l'audience est suspendue pendant quelques instants.*)

Les femmes de l'Ethiopie, et, au rapport de *Leblond*, celles de la partie froide de l'Amérique méridionale, portent presque toutes une barbe plus ou moins abondante.

Dans tous climats, c'est assez fréquemment un indice de stérilité.

A en croire certains médecins, l'excès de chasteté peut suffire chez certaines femmes pour déterminer l'éruption de la barbe.

« S'il est hors de doute, écrivait en 1678,
à l'auteur du *Mercure galant*, un médecin retiré à Tarascon, que la chevelure est
» la marque de notre grandeur, il n'est pas
» moins constant que la barbe, qui n'est pro-
» pre qu'à l'homme, est l'indice de sa viri-
» lité, et lui donne la préséance dans son
» espèce ; c'est elle qui ajoute sur son vi-
» sage une nouvelle grâce, et qui lui inspire
» un certain air grave et modeste qui le
» fait paraître plein de sagesse... En un
» mot, je ne suis point surpris que les ha-
» bitants de l'île de Chypre aient fait le por-
» trait de Vénus avec de la barbe, puisqu'ils
» ont voulu ajouter à la mère de l'*Amour*
» un ornement que le beau sexe n'a pas ob-
» tenu des dieux, de peur d'attirer notre
» culte et notre encens... »

Si, par une de ces bizarreries mystérieuses de la nature, il y a eu, et s'il y a
encore des femmes barbues, il est bien certain aussi, d'après les témoignages de l'histoire, qu'à de certaines époques les femmes
étaient bien éloignées d'avoir la barbe en
horreur, et qu'elles se sont fait honneur de paraître l'avoir reçue en partage
de la nature.

On lit dans le *Pogonias, sive de barbâ dialogus Antonii Hotomanni,* que les femmes d'Athènes se formaient des barbes artificielles avec leurs chevelures, qu'elles arrangeaient avec beaucoup d'art sur leurs joues, afin que les ennemis, trompés par la ressemblance, les prissent pour des hommes.

On dit encore que les femmes des Lombards, dans la même occasion, imitèrent la ruse des Athéniennes; mais des historiens malicieux prétendent que ce n'était pas pour épouvanter les hommes qu'elles en agissaient ainsi, et qu'en avançant sur les joues les cheveux de leurs tempes, ainsi qu'elles le pratiquent encore aujourd'hui, ce n'était pas dans l'intention de se rendre redoutables, loin de là.

Qu'il ait existé des femmes qui, pour ressembler aux hommes, aient porté des barbes artificielles, c'est l'effet des circonstances; qu'il en ait paru d'autres dont le caractère, secondé par la nature, leur ait fait garder une longue barbe comme un phénomène honorable pour leur sexe, cela doit paraître aujourd'hui un peu plus extraordinaire; mais que l'ardeur de do-

miner ait porté les femmes à employer les
ressources les plus propres à faire croître
leur barbe, et, par cette usurpation, à
disputer à l'homme le symbole de la sou-
veraineté, et que, pour mettre un frein à
ce désordre, les lois aient employé leur sacré ministère, c'est ce qui paraîtrait presque incroyable, si l'authenticité des témoignages qui nous en restent n'en bannis-
sait même jusqu'au doute.

C'est Cicéron (*De Legibus*, lib. 2) qui rapporte cette loi instituée pour s'opposer à
ce que les dames romaines ne parviennent
à se procurer de la barbe. Cette loi est tirée des douze tables ; en voici les expressions : *Mulieres genas ne radunto* (« Que les
femmes se gardent bien de se raser les
joues »).

Ce que les circonstances, un goût bi-
zarre, le désir de se distinguer ont rendu
quelquefois supportable, l'art de plaire l'a
toujours proscrit.

Il est des femmes dont la lèvre supérieure est moustachée d'un léger duvet qui
leur donne un air agaçant et libertin qui
n'est pas sans charmes.

Il en est d'autres dont le visage est

surabondamment ombragé par cet attribut de la virilité. Mais, bien loin de s'enorgueillir de cette erreur de la nature, elles la regardent à juste titre comme une tache honteuse qu'elles s'efforcent de faire disparaître.

Combien de brunes, surtout, ont recours, dans le secret du boudoir, à des opérations mystérieuses que je ne veux pas dévoiler!!! J'aurai la discrétion de ne pas franchir le seuil de ces pudiques laboratoires de la toilette.

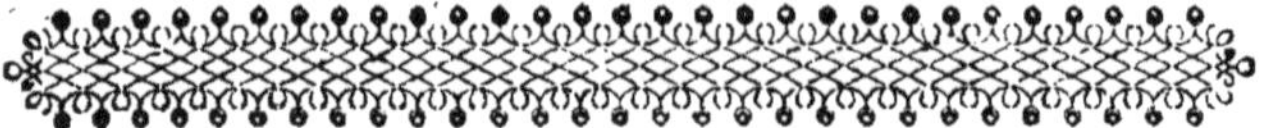

CHAPITRE VI.

Où l'on voit qu'une dame veuve risque sa réputation en couchant avec une femme barbue. — Une diseuse de bons mots sous Louis XIII.

Il y avait à Paris, sous Louis XIII, une nommée Anne *Baudesson* ; elle se maria de bonne heure à un procureur, Monsieur *Pilou.*

Il n'y a jamais eu une moins belle femme qu'elle, mais, en compensation, il n'y en a peut-être jamais eu une de meilleur sens, et qui sût mieux dire les choses.

Mme *Pilou* était l'amie intime de Mme *de*

Castille, mère de Mme *de Chalais.* Il lui arriva une fois une plaisante aventure avec cette Mme *de Castille ;* la voici : — Mme *de Vaucelas*, sœur de M. *de Châteauneuf*, était pour louer d'elle une maison.

Elle lui envoya un matin un gentilhomme pour lui parler à cet effet.

Mme *de Castille*, alors veuve, était encore au lit, et Mme *Pilou*, qui était couchée avec elle, mit la tête dehors, et dit au messager de Mme *de Vaucelas :* « Allez, Monsieur, on n'aura pas cette maison à plus bas prix, il est inutile d'insister.» Or, elle avait la voix grosse, la figure noire et très-barbue.

Le gentilhomme s'en retourna, et courut dire à Mme *de Vaucelas* qu'il ne fallait pas prétendre avoir meilleur marché de la maison, qu'il avait parlé à Mme *de Castille*, et que Monsieur *son mari*, enfin, avait déclaré positivement qu'il n'en rabattrait rien.

Cela fit d'autant plus rire que cette Mme *de Castille* était veuve et un peu galante. — L'aventure courut les salons, et la réputation de cette très-innocente dame reçut quelques coups d'épingle qui guérirent aussitôt qu'on eut su le mot de l'énigme.

Il était aisé, en effet, de s'y tromper, car il
y a un vaudeville du temps qui dit :

> Dame Pilou, pour paraître moins d'âge,
> Fait raser tous les jours,
> Fait raser tous les jours le poil de son visage.
>
> (TALLEMANT DES RÉAUX.)

On lit dans les manuscrits de *Favart*,
chanoine de Reims, conservés dans notre
bibliothèque, une épître en vers, du poëte
Perrin, l'auteur de la *première comédie française en musique représentée en France.*

M. *de Monmerqué* a publié dans son
livre qui a pour titre : *Historiettes de Tallemant,* un fragment de cette épître, relatif à la
barbe *vénérable* de cette bonne Mme *Pilou,*
fragment qui lui a été communiqué par
M. Louis Paris, notre savant bibliothécaire.
— Le voici :

> O vous, barbe à triple étage
> Qui savez le tripotage
> Du poulet et du message
> Mieux que monsieur de *Ménage*
> Ne sait le fin du langage,
> N'est-il pas vrai, la *Pilou,*
> Parmi le sexe volage
> Le plus sage est le plus fou ?

CHAPITRE VII.

De la barbe chez les Egyptiens, les Babyloniens, les Assyriens, les Mèdes, les Perses, les Lacédémoniens. — Des révolutions de la barbe chez les Grecs.— Temps héroïques de la Grèce.— De la barbe à l'époque de la guerre de Troie.— De la décadence de la barbe après Socrate.— Philippe, roi de Macédoine, et Alexandre le Grand. — Résistance des philosophes grecs au sujet de la barbe. — De la barbe chez les Siciliens et les Etrusques.

Les ouvrages qui traitent des costumes et des usages des peuples indiqués dans ce chapitre, sont-très peu explicites en ce qui concerne la barbe, à l'exception pourtant des peuples de la Grèce.

Il nous a fallu consulter un grand nombre

d'auteurs pour recueillir quelque chose de précis à cet égard ; les veilles ne nous ont pas coûté, et si, malgré nos efforts et les recherches les plus assidues, nous ne nous étendons pas plus longuement, la faute ne doit pas nous en être imputée, car nous avons mentionné tout ce qui a été écrit : nous ne pouvions faire plus.

Les prêtres égyptiens se rasaient la tête et le menton; j'ai consulté tous les ouvrages publiés sur cette nation antique, et j'ai trouvé la plupart des figures privées de barbe.

La plante *persea* qu'elles portent souvent attachée au bas du visage, et qu'on remarque sur les momies et sur les statues des divinités, ne doit pas être confondue avec les poils du menton.

Hérodote assure positivement dans plusieurs passages que, dans le deuil, les Egyptiens laissaient croître leur barbe, ce qui prouve qu'ils ne la portaient pas habituellement.

Le même historien raconte qu'en Egypte un homme ayant enivré quelques soldats qui gardaient le corps de son frère attaché à un gibet, leur coupa la barbe en manière d'insulte, et enleva le corps de son frère.

On peut donc conclure avec assez de fondement de ces faits que les Egyptiens se rasaient habituellement.

Une peinture tirée d'un manuscrit du Vatican, qui a près de mille ans d'antiquité, et d'un autre plus récent et qui a appartenu à la bibliothèque du grand-duc de Toscane, représente des Ethiopiens se rendant à Adule, ville d'Abyssinie : toutes les figures portent la barbe.

Les anciens Assyriens portaient la barbe longue, comme on peut s'en assurer en consultant les ouvrages de numismatique. Les Israélites ne se coupaient la barbe que comme marque d'affliction.

Il en était de même des Moabites, des Ammonites et des Babyloniens.

Chez ces différents peuples on regardait comme une flétrissure de couper la barbe à un homme.

Le roi des Ammonites, voulant faire insulte aux ambassadeurs que David lui avait envoyés, les rasa d'une manière différente de celle qui était prescrite par la loi. (1044 avant J.-C.)

Les Mèdes portaient la barbe courte : on peut s'en convaincre en lisant l'ouvrage de Montfaucon.

Les monarques persans entortillaient de fils d'or leurs longues barbes, selon Saint Chrysostome. Après avoir tonné contre le luxe des femmes d'Antioche, ce docteur évangélique s'exprime ainsi : « Si je vous » entretenais d'un genre de luxe qui est en- » core bien plus absurde que celui des » femmes qui mettent de l'or sur leur che- » velure, qui en chargent leurs lèvres, leurs » sourcils, ne pensez pas que je veuille rire, » ce que je vais vous raconter existe encore » aujourd'hui ; c'est du roi de Perse que » je veux vous parler : il ne rougit pas de » porter une barbe dorée ; les poils en » sont tissus de lamelles d'or. Ayant la face » ainsi décorée, ce prince ressemble plus » à un monstre qu'à un homme. » (*Joannes Chrysostomus, in epistolam ad Colossenses,* cap. III, homilia VIII).

Les médailles des anciens rois d'Asie nous les montrent tous avec des barbes longues et tressées, — comme on le voit dans le tableau représentant Hippocrate refusant les présents d'Artaxercès. Chez les Lacédémoniens, quiconque était convaincu de lâcheté était obligé de porter, comme une marque ignominieuse, une partie de la moustache d'en haut rasée, et l'autre entière. Nicandre répondit à quelqu'un qui lui demandait pourquoi les Lacédémoniens laissaient croître leur barbe : « *Pour ce que c'est le plus beau parement que sçauroit porter un homme, et qui eouste le moins, et si lui est propre.* »

Une loi formelle, rapportée dans Plutarque, limitait la longueur de la barbe chez cette nation.

Les Grecs portaient encore la barbe du temps de Socrate. (420 ans avant J.-C.)

Alcibiade introduisit l'habitude de se raser vers cette époque.

Les héros grecs sont représentés sur les monuments antiques avec une barbe courte et frisée, comme on le voit sur les bas-reliefs du temple de Minerve, à Athènes.

Les Grecs portèrent, dès les temps héroïques, la barbe longue, si l'on en croit la tradition. (Chrysippe; *Athénée*, 13ᵉ livre.)

Une belle pierre trouvée à Rome, près de la voie Appienne, et représentant l'enlèvement d'Hélène, est chargée de guerriers nombreux et très-barbus.

Un marbre romain d'une grande dimension, découvert à Aix, porte Hector et Ajax combattant pour le corps de Patrocle étendu sur un bige ; les deux héros ont la barbe longue et retroussée. Sur une pierre qui a appartenu au cardinal Chigi, on remarque Achille montant sur son char pour aller combattre d'Hector ; ce guerrier, ainsi que les écuyers qui retiennent les chevaux, sont tous barbus.

Sur un autre marbre également trouvé à Rome, on voit Hector tué par Achille et traîné autour des murs de Troie ; ce héros porte une barbe inculte : *squallentem barbam* (Virgile ; *Æneid.*, v. 277, lib. ii.)

Enfin, on trouve sur une belle pierre qui a appartenu au cabinet de M. Crozat, le portrait d'Hector portant la barbe plutôt sur les joues qu'au menton.

On sait en outre ce qu'Homère rapporte de celle de Priam.

Philippe, roi de Macédoine, ainsi que ses prédécesseurs, Amyntas et Archélaüs, sont représentés sans barbe sur les médailles.

Dans les thermes de Zeuxippe', à Constantinople, on voit une statue d'Homère avec une longue barbe.

Au moment de la bataille d'Arbelles (331 avant J.-C.), Alexandre le Grand se fit raser la barbe et ordonna à ses soldats d'imiter son exemple, afin de ne laisser aucune prise à l'ennemi ; cet usage devint général en Grèce. (Plutarque.)

Une tête en porphyre d'un travail exquis, et qui a appartenu au maréchal d'Estrées, nous montre Alexandre sans barbe ; le roi de Macédoine est rasé aussi sur une pierre qui a appartenu à l'abbé Benedetti, et qui représente la fameuse Timoclée amenée devant ce prince dont elle avait massacré l'un des plus fameux capitaines.

Les Grecs continuèrent depuis à se faire raser jusqu'à l'empire de Justinien sous lequel les longues barbes reprirent faveur. Elles durèrent jusqu'à la prise de Constantinople par les Turcs.

Cependant, les philosophes grecs et tous ceux qui en affectaient les airs et le costume, cherchèrent à se distinguer du vulgaire en portant de longues barbes. Saint

Chrysostome, dans sa XVIIe homélie au peuple d'Antioche, en parle dans les termes les plus amers.

Antisthène fut le premier des philosophes qui laissa croître sa barbe *(Laërce,* lib. vj). Les Stoïciens l'imitèrent.

Le Scholiaste d'Aristophane *(Nub.* 120) prétend que certains philosophes, comme les Pythagoriciens, conservaient cependant l'habitude de se raser : c'était la minorité.

Les Siciliens suivirent les usages et les coutumes des Grecs, car il est fait mention de barbiers dans la vie de Denys le Tyran.

Les médailles siciliennes nous montrent d'ailleurs les rois de cette île dépourvus de barbe.

Les Etrusques copièrent les Grecs et les Siciliens dans l'usage de porter ou de quitter la barbe. Cependant, ils représentaient toutes leurs divinités barbues, excepté Vulcain, qui n'en porte pas ordinairement sur les monuments de cette nation ; mais ils en donnaient à Mercure une pointue et recourbée en avant.

CHAPITRE VIII.

Grandeur et décadence de la barbe chez les Romains.— Etat de la barbe sous les rois pendant la durée de la Républi- que. — La barbe du sénateur *Papyrius* outragée par un soldat gaulois.— Carnage de Rome.— Arrivée des bar- biers à Rome.— Scipion l'Africain, le jeune, est le pre- mier qui ait fait usage du rasoir.— Age auquel on faisait la première coupe de la barbe.— Fêtes pour célébrer cette cérémonie.— Offrande de la barbe aux dieux.—Adoption des enfants.

Les Romains demeurèrent près de 500 ans sans renoncer à leur barbe : de là vient le surnom de *intonsi* par lequel Ovide dé- signe les premiers Romains :

Hoc habet intonsos nomen habebat avos.

Juvénal les peint de la même manière (sat. XVI) :

Et credant dignum barbâ, dignumque capillis
Majorum.

Dans l'oraison pour Cœlius (c. 14), Cicéron parle des barbes longues et épaisses que portaient les premiers Romains:
Barba horrida quam in statuis antiquis et imaginibus videmus.
Tite-Live, parlant des sénateurs qui restèrent seuls dans Rome après l'entrée des Gaulois, 387 ans avant J.-C., dit que tous portaient la barbe fort longue. — *Barbam ut tùm omnibus promissa erat.* — Les farouches soldats de Brennus furent si frappés de l'aspect vénérable des sénateurs assis dans leurs chaises curules, qu'ils hésitèrent quelque temps à les massacrer. L'un d'eux ayant reçu un coup de baguette d'ivoire du sénateur Papyrius, dont il toucha la barbe, donna le signal du carnage. Prendre la barbe était chez ces fiers républicains le plus grave outrage que l'on pût faire à un citoyen, ainsi que le dit Horace. Les Romains portaient aussi la barbe en signe de deuil.

On lit dans Tite-Live, dont l'opinion est en désaccord avec celle de Varron et de Pline , que , l'an 384 ans avant J.-C., la plus grande partie du peuple, affligée du malheur de *Manlius Capitolinus*, porta la barbe encore plus longue qu'à l'ordinaire.

Marcus Livius ayant été condamné par les comices à sortir du consulat, en conçut un si vif chagrin, qu'il se retira à la campagne et y laissa croître sa barbe. Les censeurs l'ayant fait rentrer dans le sénat, l'obligèrent de se raser.

La barbe avec laquelle on voit l'empereur *Marc-Antoine* sur plusieurs de ses médailles indique l'affliction dans laquelle l'avait plongé la fameuse bataille d'Actium, 31 ans avant J.-C.

C'est encore dans ce sens que les médailles d'*Auguste*, frappées depuis l'an de Rome 711 jusqu'en 718, nous présentent la tête de cet empereur avec la barbe, pour exprimer le deuil de la mort de Jules-César.

L'empereur *Caligula* cessa aussi de se raser, l'an 38 de notre ère, après la mort de sa sœur *Drusille*.

La mode de se raser à Rome a été apportée de la Grèce. Ticinius Menas fut le premier qui introduisit des barbiers dans Rome : c'était dans la 120ᵉ olympiade (299 ans avant J.-C.). Il les amenait de la Sicile avec un nombre égal de cuisiniers.

Scipion l'Africain, le jeune, fut le premier qui se fit raser *tous les jours*, 130 ans avant J. - C. Cette innovation fit éclat ; quelques personnages de distinction la secondèrent, et elle tomba enfin dans l'usage commun.

Dans les familles romaines, la première coupe d'une barbe donnait lieu à une grande cérémonie : on se donnait réciproquement des présents et des festins.

Juvénal parle des gâteaux que l'on s'envoyait à cette occasion (sat. I, 186) : *Ille metit barbam..... Plena domus libis genialibus.*

On ne peut fixer avec précision l'âge où l'on coupait la barbe aux jeunes Romains pour la pramière fois.

Macrobe dit que c'était à la fin du troisième septenaire, c'est-à-dire à vingt-deux ans.

Jusqu'à cette époque, les jeunes gens coupaient avec des ciseaux leur barbe naissante, qu'on appelait alors *barbula*. Juvénal appelle les adolescents *barbatuli*, et désigne par l'expression *barbam metere, moissonner la barbe*, cette manière de la couper.

Les hommes faits se servaient seuls du rasoir : de là vient cette expression de Martial :

Jam mihi nigrescunt tonsâ sudaria barbâ ,

pour dire qu'il n'était plus un jeune homme, et la suivante de *Juvénal* (IV, 105), *Radere guttur cœperat*, en parlant de *Sergiolus*, qui avait atteint l'âge viril.

Les jeunes gens riches enfermaient cette première barbe dans une petite boîte d'or qu'ils consacraient à quelque divinité , ordinairement aux dieux lares , comme Pétrone nous l'apprend dans son *Trimalcion : Prætereà grande armarium vidi in angulo , in cujus ædiculâ lares argentei positi , Venerisque signum marmoreum , et pyxis aurea non pusilla , in quâ barbam ejus conditam dicebant.*

C'était le jeudi qu'on se faisait la barbe, comme on le voit dans un vers des Eclogues du poëte Ausone :

Ungues Mercurio, barbam Jove, Cypride crines,

c'est-à-dire qu'on se faisait les ongles le mercredi, la barbe le jeudi, et qu'on se faisait couper les cheveux le vendredi.

Les Romains restaient imberbes depuis 21 jusqu'à 41 ans, passé lequel âge ils portaient la barbe longue.

Néron la fit couper à 22 ans, et l'offrit à Jupiter Capitolin dans un magnifique coffre d'or, comme Suétone nous l'apprend dans le passage suivant (Ner., c. 12) : *Barbam primam posuit et conditam in auream pyxidem et pretiosissimis margaritis adornatam Jovi Capitolino consecravit.*

L'empereur Auguste se rasa pour la première fois à 25 ans.

Les gens de haute distinction faisaient couper la première barbe de leurs enfants par des hommes de leur condition, et ceux-ci devenaient, par cette cérémonie, les seconds pères de ces enfants, ou comme nous le disons aujourd'hui, leurs parrains.

Une seconde épouse coupait elle-même la barbe des enfants de son mari, pour annoncer qu'elle les adoptait.

Martial a dit dans ce sens :

Tondebit pueros jam nova nupta tuos.

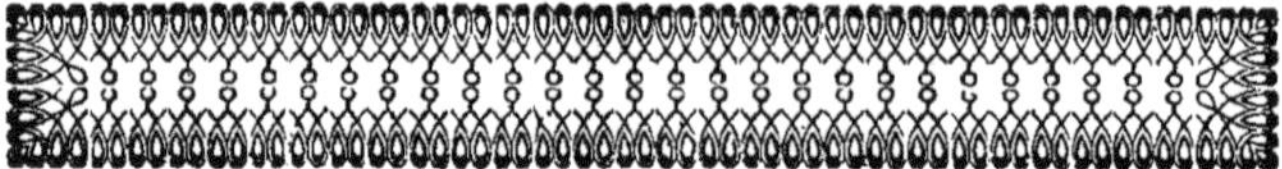

CHAPITRE IX.

De la barbe sous les empereurs romains. — Les écrouelles
de l'empereur Adrien ramènent la mode de la barbe à
Rome. — Proscription de la barbe sous Constantin le
Grand.—Vaine tentative de l'empereur Julien.— Renaissance de la barbe sous les empereurs grecs. — Histoire de
la barbe chez les peuples contre lesquels Rome a eu des
guerres à soutenir, tels que les Parthes, les Daces, les
Scythes, etc., cte.

Les quinze premiers empereurs romains
n'ont pas porté la barbe; les monuments
tels que les colonnes, les arcs-de-triomphe,
les statues dont j'ai scrupuleusement étudié les copies dans des ouvrages pleins
d'érudition et d'une authenticité incon-

testable, les représentent tous avec un menton nu.

La numismatique, sur ce point, est entièrement d'accord avec la sculpture et l'architecture.

La collection de médailles romaines de notre bibliothèque, celle beaucoup plus riche et plus complète de M. Duquenelle, montrent sans exception les empéreurs sans barbe depuis Jules César jusqu'à Trajan inclusivement.

Les premiers empereurs représentés avec une barbe longue et épaisse furent Adrien, Antonin le Pieux et Marc-Aurèle. Spartien nous dit le motif qui fit renoncer à la mode de se raser qui existait à Rome depuis de longues années : l'empereur Adrien portait des cicatrices d'écrouelles qu'il cachait en laissant croître sa barbe : *Ut vulnera quæ in facie naturalia erant, tegeret.*

Antonin et Marc-Aurèle l'imitèrent, ainsi qu'on n'en peut plus douter après avoir vu le beau marbre où la ville de Rome lui présente le globe du monde, et le magnifique bas-relief où ce dernier est représenté à cheval, arrivant en Syrie pour pardonner aux partisans d'Avidius-Cassius qui s'était

révolté. Leur exemple fut suivi par leurs
successeurs, dont quelques-uns crurent se
rendre respectables aux yeux des Romains,
en copiant les usages d'Adrien et des An-
tonins, pour lesquels le peuple avait beaucoup d'attachement et de vénération.

Sur une pierre gravée, trouvée à Rome,
on voit que l'empereur *Septime Sévère* avait
un menton ombragé d'une immense barbe;
c'est ainsi qu'on le voit aussi sur un bas-
relief en marbre qui représente les Parthes
venant lui demander la paix ; tel il est encore sur une pierre gravée, où il ordonne
de couper la tête au cadavre d'Albin, son
compétiteur, qu'on vient lui présenter.

Caracalla prit le nom sacré d'Antonin et
laissa croître sa barbe, qu'il portait courte
et frisée, aussitôt qu'il eut été déclaré *Auguste,* ainsi qu'on le voit sur sa statue qui
est au palais Farnèse à Rome. (Montfaucon.)
Géta suivit son exemple.

Il semble donc, disent les auteurs de
l'Explication des pierres gravées du Palais-
Royal, qu'une barbe épaisse était regardée
alors comme un attribut qui devait conci-
lier aux empereurs le respect des peuples,
et l'on peut conjecturer que les Monétaires

affectaient de les représenter avec une barbe plus épaisse et plus touffue qu'elle ne l'était en effet. Cette autre conjecture est fondée sur un exemple : c'est la manière dont l'empereur *Macrin*, est représenté sur ses médailles, lui qui peut-être ne portait point de barbe avant son avènement à l'empire ; on le voit sans barbe sur quelques-unes ; il n'en a qu'une très-courte sur la plupart des autres, mais une longue et épaisse sur plusieurs de grand bronze.

Il n'est cependant pas vraisemblable qu'elle ait pu prendre autant de croissance pendant la courte durée de son règne, qui n'a été que de quatorze mois, et il n'y a pas lieu de douter que son portrait n'ait été chargé en partie par les artistes monétaires.

La jeunesse des empereurs est la cause pour laquelle leur menton est souvent représenté barbu, parce que l'usage voulait, comme nous l'avons dit, qu'on ne commençât à se raser qu'à 21 ans. C'est ainsi que sur ses premières médailles et dans la statue pédestre que l'on voit au Musée du Louvre, Néron est représenté avec une légère barbe.

Les derniers empereurs qui aient porté

la longue barbe à Rome sont Dioclétien et Constance Chlore.

Les philosophes romains affectaient de conserver la longue barbe, comme le dit Horace (lib. ij, sat. iij, v. 34 et 35) :

tempore quo me
Solatus jussit sapientem pascere barbam.

Aulu-Gelle (*Noct. Att.* IX, 2) et Lucien (*Icaro Menip.*) s'expriment dans les mêmes termes.

Quoi qu'il en soit, 312 ans après Jésus-Christ, Constantin le Grand introduisit de nouveau l'usage de se faire raser.

Il est imberbe lui-même sur une de ses statues qui se trouve à Versailles et sur l'arc-de-triomphe qui porte son nom à Rome, et dont les bas-reliefs le représentent après sa victoire sur Maxence.

L'an 361 de notre ère, Julien l'Apostat prit le costume des philosophes et fit tous ses efforts pour remettre la barbe universellement en crédit ; il en portait une fort longue et très-droite qui lui avait valu, de la part des railleurs, le surnom de *Capella* (la chèvre). Pour se venger il écrivit contre les habitants d'Antioche sa satire intitulée *Misopogon* (ennemi de la barbe). Sa tentative ne réussit qu'en partie, et l'usage, malgré quelques échecs, fit résistance contre la nouveauté.

Depuis Jovien (en 363), tous les empereurs paraissent sans barbe sur leurs médailles.

Pendant plus de deux siècles les visages sont nus dans l'empire romain ; ce n'est qu'à partir de Phocas et d'Héraclius (l'an 602 de Jésus-Christ) que la barbe sortit de son tombeau et devint le signe caractéristique des empereurs grecs, qui la portaient d'une longueur extraordinaire.

Les Bretons du temps de César *(Bell. gallic.*, l. 5, c. 14) se rasaient le menton et conservaient une simple moustache : *Capillos ac barbam radere præter caput, et labrum superius.*

Les Parthes portaient la barbe démesurément, longue comme on le voit sur une belle tête qui a orné pendant long-temps le cabinet de l'abbé Fauvel, et qui était plus grande que nature, et sur une cornaline qui a appartenu à la collection de B. de Montfaucon. Ils sont sculptés avec une barbe très-coquettement agencée sur un bas-relief de l'arc de Constantin représentant leur roi Parthamaspate venant demander à Trajan d'être rétabli sur le trône, et sur le côté nord de l'arc-de-triomphe de l'empereur Septime Sévère.

Les Arméniens étaient aussi porteurs de barbes longues et disposées avec art; c'est ainsi que les représente un marbre romain où l'on voit Parthamasiris, leur roi, présenté à Trajan.

Les Daces, contre lesquels Trajan eut à soutenir une guerre rude et difficile, et dont de nombreuses figures sont sculptées à Rome sur la colonne Trajane, sont décorés de barbes d'une grandeur médiocre, et frisées vers leur extrémité.

Les Scythes représentés captifs sur la colonne Théodosienne à Constantinople, ont tous le menton chargé d'une barbe touffue et terminée en tire-bouchon.

Diodore de Sicile et Tacite assurent que les Germains se faisaient raser. En effet, c'est sans barbe qu'ils sont représentés sur la colonne Antonine où sont inscrites les victoires remportées sur eux par l'empereur Marc-Aurèle.

Les Goths et les Francs ne portaient

qu'une moustache appelée par Plutarque μυσάκα.

Claudien ordonna aux Francs de laisser croître leur barbe pour les distinguer des Romains.

Les Lombards portaient de longues barbes. Des étymologistes ont même expliqué par cette coutume l'origine de leur nom: de Lang-Bart.

Quoi qu'il en soit, aux différentes époques que nous venons de passer en revue, on ne se contentait pas de peigner et de laver sa barbe, on la parfumait encore en la frottant avec des huiles odoriférantes, ainsi que le dit Juvénal :

> Hirsuto spirant opobalsama collo
> Quæ tibi ?

et Properce :

> Aut quid orontcâ barbam perfundere myrrhâ.

Nous avons vu que les rois de Perse tressaient leur barbe avec des fils d'or. Cet usage n'a eu lieu à Rome que très-exceptionnellement. Mais on l'assujétissait, en la nouant et en la retroussant pendant la nuit, lorsqu'on se livrait à quelques exercices ou lorsqu'on cachait son visage sous la visière d'un casque. Une tête trouvée dans les fouilles de Portici porte une barbe nouée sous le menton ; cette bizarrerie se remarque aussi à une tête placée dans les galeries du Capitole.

L'usage de toucher la barbe de celui auquel on demandait une grâce se retrouve dans Homère. (*Iliad.*, x. 454.)

Pline dit aussi que les anciens Grecs avaient la coutume de toucher le menton de celui dont ils voulaient exciter la pitié : *Antiquis Græcis sapplicando barbam attingere morem fuisse.*

On lit dans le 290e vers de l'*Oreste* d'Euripide, et dans la tragédie d'*Hécube*, qu'on suppliait en touchant le menton. Cet usage s'est continué jusqu'à nos premiers rois.

Les adoptions, les alliances se contractaient aussi par l'attouchement de la barbe.

Lorsqu'on voulait insulter quelqu'un, au contraire, on lui tenait, on lui arrachait la barbe. Socrate ne fut pas exempt de cette persécution, comme nous l'apprend Diogène Laërce.

Horace dit à un stoïcien :

vellunt tibi barbam

Lascivi pueri.   (lib. i, sat. iij, v. 133 et 134).

Ce qui peut se traduire ainsi: « Des polissons
t'arrachent la barbe. » et Perse (sat. 1, 133):

Si Cynico barbam petulans nonaria vellat.

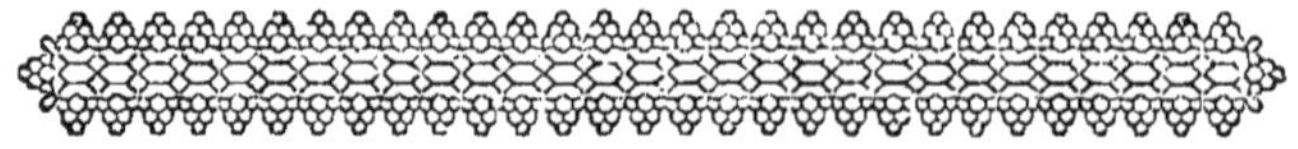

CHAPITRE X.

De la barbe chez les Gaulois avant Jules César et sous la domination romaine; — chez les Francs. — Des moustaches
sous le rapport historique. — Leur origine. — Leur signification. — Leur forme. — Une moitié de moustache donnée pour otage et rachetée par les femmes.

La nation gauloise apparaît dans la nuit
des temps comme une ombre gigantesque;
la première impression qu'elle produit,
c'est l'effroi : ses premiers pas sont des in-
vasions ; ses premiers chefs, des conqué-
rants.

Dans les Gaules, sous la domination romaine, si l'on en croit les Commentaires
de César et *Serpette de Marincourt*, les

prêtres et les nobles portaient seuls la barbe ; cette coutume se glissa bientôt dans la bourgeoisie. Des ordonnances sévères enjoignirent aux serfs de se raser complètement le menton, mais ils pouvaient conserver de longues et d'épaisses moustaches à travers lesquelles ils filtraient avec peine leurs boissons. (Herbé ; *Costumes français*.)

Les druides avaient la barbe démesurément longue.

Les Gaulois ne tardèrent pas à perdre leur physionomie sous la domination romaine ; leurs mœurs, leur costume et leur langage changèrent ; ils quittèrent leur chevelure, se parfumèrent ainsi que les femmes, et rasaient ou conservaient leur barbe selon leurs caprices (fin du v° siècle après J.-C.).

Trois siècles s'étaient écoulés depuis que les prêtres de Rome avaient renversé les autels des druides.

L'empire romain n'était plus et la Gaule avait cessé d'exister.

Des tribus germaines, sous le nom de Francs, étaient venues s'établir dans nos contrées. — Leurs chefs et les grands portaient la barbe et les cheveux flottants,

les soldats se rasaient la partie postérieure
de la tête, tous se coupaient la barbe et
ne conservaient que des moustaches touf-
fues (Molé, Ségur, Barginet, Herbé) ; ici
commence une ère nouvelle, celle du
moyen-âge ou de la conquête de la barba-
rie sur la civilisation.

Des milices féroces, ayant à leur tête Clovis, homme ambitieux et sanguinaire, fi-
nissent par anéantir les restes de la puis-
sance romaine (fin du v⁰ siècle).

Depuis Clovis (en 480) les rois adoptèrent
la barbe, mais elle n'était que médiocrement longue et nouée avec des tresses d'or,
à la manière orientale; les premiers rois
Francs portaient seulement des moustaches
qu'ils appelaient *crista*.

La durée du règne de celles-ci ne nous
est point exactement connue. Cependant le
cachet en saphir du roi Childéric, gravé dans
l'ouvrage de Montfaucon, semble annoncer
que du temps de ce prince le peuple seul
les avait conservées : c'est Clovis qui les re-
mit en honneur à la cour.

Cette modification, ce diminutif de la
barbe a constitué dans tous les temps un
état intermédiaire et transitoire qui a pré-

cédé son triomphe ou annoncé sa chute. Les moustaches ne laissent pas que de fournir un épisode intéressant dans l'histoire de la barbe, et méritent d'y occuper une place honorable.

On voit, dans les *Recherches sur la barbe*, par le P. Oudin, jésuite, qu'il faut en faire honneur aux Arabes.

Plutarque, dans la *Vie de Thésée*, dit que ceux qui les portèrent les premiers furent les *Abantes*, peuples de l'île d'Eubée (Négrepont).

A la guerre, on portait les moustaches pour épouvanter l'ennemi par un aspect plus terrible.

C'est ainsi que César avait vu autrefois les anciens Bretons. C'est sans doute de là que nous est venu, ainsi qu'à presque toutes les nations, l'usage de la faire porter aux militaires.

Comme un visage sans barbe est l'indice de l'enfance et de la faiblesse, un menton barbu celui de la virilité et de la force, de même les moustaches, qui tiennent le milieu entre ces deux extrêmes, annoncent l'adolescence et les désirs.

Les Turcs, les Grecs modernes sont si persuadés de cette vérité, que, jusqu'à l'âge de trente ans, ils ne portent que la moustache, et qu'à cette époque ils laissent croître leur barbe.

Dans chaque siècle, chez chaque peuple, elle a reçu une forme différente ; mais quel que fût le but de ceux qui la portaient, il n'en est pas moins constant que lorsqu'elle est avantageusement placée et retroussée avec grâce, elle donne un air fier, martial, ardent, qui caractérise le jeune homme, et qui n'est pas sans attraits pour les femmes.

Lorsque Charlemagne supprima les bar‑bes, les moustaches reprirent leur antique splendeur; elles s'étendaient des deux côtés du menton et descendirent bientôt jusque sur la poitrine. C'est ainsi que Charles le Chauve est représenté ; son règne fut celui des moustaches dites à la *chinoise*.

L'inconvénient et la gêne qui résultaient de ces longs poils se firent bientôt sentir. On tailla leur pointe, et les moustaches devinrent *carrées* ; un peu plus tard, au lieu de retomber des deux côtés de la bouche, elles prirent une direction horizontale; cette forme ne fut pas goûtée, et vers la fin du ixe siècle on ne vit plus de moustaches.

Ressuscitées en 1149, sous le règne de Louis le Jeune, alors qu'elles étaient portées en *vergettes* ou en cordon, elles succombèrent encore une seconde fois, pour reprendre faveur à une époque que nous ferons bientôt connaître.

Parmi les nations qui ont été le plus curieuses de moustaches, nous devons citer la nation espagnole.

Ce pays romanesque a toujours regardé les moustaches comme l'ornement dont on devait se faire le plus de gloire.

Les Espagnols ont fait consister la perte de leur honneur dans celle de leurs moustaches :

Desde que no hay barba, no hay mas alma.

« Depuis qu'il n'y a plus de barbe il n'y a plus d'âme.»

Les Portugais, dont l'esprit national est à peu près le même, ne leur cèdent en rien de ce côté-là.

Sous Jean III, roi de Portugal, le courageux Jean de Castro venait de délivrer dans l'Inde le château de Diu ; victorieux, mais manquant de tout, il se vit obligé de demander mille pistoles aux habitants de Goa, pour le soutien de sa flotte ; et pour garant de cette somme , il leur envoya une de ses moustaches, et leur dit : « Tout l'or du monde ne peut valoir cet ornement naturel de ma bravoure ; je vous le consigne pour sûreté du prêt. » Toute la ville fut pénétrée de cet acte d'héroïsme, les femmes vendirent leurs bijoux pour grossir la somme demandée et lui envoyèrent sur-le-champ et l'argent et sa moustache. (Dulaure.)

Je pourrais citer encore une foule d'exemples de cette sorte qui font autant d'honneur aux moustaches qu'à la bonne foi de ce temps-là.

Quand Philippe V monta sur le trône d'Espagne, il trouva ses nouveaux sujets amplement pourvus de moustaches ; il ne voulut pas adopter cette mode, ce qui fit naître l'usage de se raser. C'est ce qui a donné lieu à ce proverbe si expressif, mais un peu trop énergique : « Depuis que les Espagnols n'ont plus de moustaches, ils ne valent pas mieux que des eunuques. »

En France, les moustaches ont été l'objet du luxe le plus raffiné.

Sous Louis XIII, qui monta sur le trône à l'âge de neuf ans, elles acquirent, aux dépens des barbes expirantes, le dernier degré de faveur,

...............vultibus undiquè rasis
Pro barbâ tenues perarantur pectine cristæ.

On ne voyait plus en France que visages moustachés, que moustaches à la dragonne.

Lors du fameux démêlé du duc d'Epernon avec M. de Sourdis, archevêque de Bordeaux, en 1633, ce prélat mettait au nombre des délits dont il se plaignait les moustaches de son porte-croix qu'un des satellites du duc avait brûlées en mettant malicieusement le feu à l'amorce de son fusil.

Dans ce temps de galanterie que le bel-esprit n'avait pas encore infecté, les moustaches devinrent une sérieuse occupation ; une moustache bien noire, relevée avec élégance, était une recommandation puissante auprès des dames.

Le trait suivant prouve combien les Français, sous Louis XIII, montraient d'amour pour leurs moustaches. Le plus célèbre duelliste de son temps, le comte de Bouteville, condamné à être décapité, voyant que l'exécuteur allait lui couper sa moustache qui était belle et grande, ne put cacher le chagrin que lui causait ce déshonneur, et il y portait les mains comme pour la préserver de l'outrage dont elle était menacée. Alors l'évêque de Nantes, qui lui prodiguait des consolations à ce moment suprême, lui dit : « Mon fils, il ne faut plus penser au monde ; quoi ! vous y pensez encore ! »

Vers le commencement du règne de Louis XIV, les moustaches étaient encore en vigueur. Ce monarque et tous les grands hommes de son règne se firent un honneur de les porter. Elles étaient l'ornement des Turenne, des Condé, des Colbert, des Corneille, des Molière, etc.

On se doute bien que la légèreté française leur fit éprouver plusieurs changements et de forme et de nom ; on vit des moustaches à l'espagnole, à la turque, en garde de poignard, et enfin à la royale : celles-ci furent les dernières ; leur petit volume annonçait leur prochaine défaite; elles disparurent tout-à-fait en 1680, lorsque le grand roi commença à grisonner. On ne les vit plus guère paraître que sur la scène jusqu'en 1789, et surtout jusqu'à la révolution de Juillet, époque à laquelle elles reconquirent la faveur générale.

CHAPITRE XI.

Histoire de la barbe aux différentes époques de la monarchie française, depuis Clovis jusqu'à Louis-Philippe. — De la barbe chez les rois de la première race, dite des Mérovingiens ou rois chevelus (période de 332 ans, de 420 à 752 de notre ère), d'après les chartes, les sceaux, les tombeaux et autres monuments. — Vicissitudes et catastrophes de la barbe sous les rois de la deuxième race ou des Carlovingiens (période de 235 ans, de 752 à 987).

J'ai dit plus haut que depuis Clovis les rois avaient recommencé à porter la barbe; ils venaient aux assemblées du Champ-de-Mars dans un chariot traîné par des bœufs, et s'asseyaient sur le trône avec des cheveux très-épars et une barbe très-longue : *Crine profuso, barbâ submissâ, solio resi-*

derent et speciem dominantis effingerent.
(Eginhart.)

Pendant long-temps le sceau des lettres qui émanaient du souverain portait comme sanction trois poils de sa barbe. Une charte de Pépin le Bref, donnée au monastère de la Grasse, porte un sceau de cire blanche mêlée de poils de barbe. Cette charte se trouve à la bibliothèque royale et se termine par la formule suivante : *Quod ut ratum et stabile perseveret in posterum, præsenti scripto sigilli mei robur apposui cum tribus pilis barbæ meæ.*

Les archives de l'église de Saint-Martin de Tours portent un sceau de cire verte couvrant des poils de barbe provenant du menton de Charles le Chauve.

Les monuments de cette époque confirment pleinement ce que je viens de dire au sujet de la barbe de ce temps-là.

On voit sur le grand portail de l'église de Saint-Germain-des-Prés, à Paris, et sur le portail de Notre-Dame de Corbeil, les statues de Clovis et de ses fils.

Le troisième portail de Notre-Dame de Paris, du côté de l'archevêché, est orné aussi de statues qui appartiennent aux rois chevelus, et dont la tête est couronnée du nimbe, ou cercle lumineux. La statue de Childebert, à l'église Saint-Germain-l'Auxerrois, porte une barbe démesurément longue et bouclée avec beaucoup d'art et de coquetterie.

On a trouvé dans l'église souterraine de Saint-Médard, à Soissons, une statue de Clotaire Ier.

Enfin, on remarque encore à Saint-Germain-l'Auxerrois deux têtes de rois de la première race. Toutes ces statues portent une longue barbe.

Dans l'ouvrage plein d'érudition d'un des plus savants Bénédictins, Bernard de Montfaucon, on voit sur les sceaux des rois Caribert, Chilpéric, Clotaire II et Dagobert, que ces princes avaient le menton surmonté d'une touffe épaisse de barbe.

Si l'on consulte les chartes des derniers rois de cette race, on voit la barbe régner encore en souveraine à cette époque, mais elle est plus courte chez les rois fainéants que sous les rois chevelus, qui la portaient longue, tombante et droite.

La barbe eut ses tyrans sous les rois Carlovingiens, et Charlemagne a mérité ce titre en ne voulant accorder le duché de Bénévent à Grimoald, son lieutenant, qu'à condition que celui-ci obligerait les Lombards à se raser (en 798); mais à peine fut-il nommé empereur d'Occident, qu'il adopta la barbe romaine que depuis sa mort on conserve précieusement à *Spire*.

On trouve dans la *Diplomatique* du P. Mabillon, six sceaux de Charlemagne. Ceux qui reproduisent ce prince alors qu'il n'était que roi, ne portent pas de barbe ; ceux qui le représentent empereur, au contraire, sont très-barbus, excepté pourtant celui de Saint-Maximin de Trèves.

Les successeurs de Charlemagne paraissent sur leurs sceaux avec une barbe plus brève que la sienne, et droite.

Charles-le-Chauve n'a qu'un court duvet au menton.

Dans le manuscrit dont Lothaire fit présent au monastère de Saint-Martin, près de Metz, ce roi est représenté avec un menton fortement ombragé.

On voit à la cathédrale de Chartres la statue de Louis d'Outremer portant une barbe d'une longueur médiocre.

CHAPITRE XII.

Tribulations de la barbe sous les rois de la 3e race des Capétiens.—Visages en cascade.—Intolérance de l'Eglise. — Barbes circulaires.— Barbes en toupet.— Un roi coupe sa barbe pour expier un crime, et perd l'amour de sa femme.— Origine de la rivalité qui existe entre la France et l'Angleterre. — Tous les mentons sont rasés depuis Philippe-Auguste jusqu'à François Ier. — Barbes postiches. — Les notaires, barbiers et bouchers. — Ordonnance de Philippe le Bel rendue à leur sujet. — Etat de la barbe chez les peuples voisins, à ces diverses époques. — La proscription de la barbe s'étend jusqu'à la branche des Valois ; ses différentes péripéties.

Depuis Hugues Capet (en 987) jusqu'à Louis le Jeune (en 1137), les rois de la troisième race sont représentés sur leurs sceaux avec une barbe de grandeur variable.

Le premier roi de cette race, Hugues Capet, la portait longue et fourchue.

Le roi Robert la frisait, comme on le voit sur sa statue qui se trouve dans l'église de Saint-Sauveur de Melun.

La barbe fut excommuniée en 1031 ; le midi de la France brava les foudres de l'E-glise et ne voulut pas se raser.

Sous le règne de Henri 1er, on avait le visage en *cascade* ou étagé. Les cheveux, ronds, égaux et plats, ne dépassaient pas les oreilles, c'était le premier étage ; le second était formé par des moustaches tombantes et sans pointe; une barbe longue et très-pointue terminait le troisième.

C'est ainsi que Hugues, comte de Châlons, avait la tête décorée, lorsqu'après avoir été vaincu par Richard, duc de Normandie, il vint se jeter à ses pieds, une selle sur le dos, pour marquer qu'il se soumettait entièrement à lui. Ce n'est pas sans raison que les chroniqueurs ont fait observer qu'on l'aurait pris plutôt pour une chèvre que pour un cheval.

Quand Guillaume le Conquérant arriva en Angleterre (en 1066), tous les soldats qui le suivaient étaient rasés ; cela causa une grande surprise aux Saxons, qui n'a-vaient pas encore déposé la barbe, et le premier rapport des espions, envoyés pour reconnaître l'armée étrangère, fut qu'elle était entièrement composée de prêtres.

L'établissement des Normands en Angleterre devint donc pour ce pays le signal de la chute des barbes. C'est Henri, deuxième successeur de Guillaume, qui donna solennellement à son peuple l'exemple de ce sacrifice à la civilisation occidentale.

Les empereurs d'Allemagne, depuis Othon le Grand (en 962), avaient adopté l'usage de la barbe. Quoi qu'il en soit, le clergé, poursuivant son plan de réforme, vint à bout de triompher de la résistance que lui faisait l'empereur Frédéric Barberousse (en 1175), si récalcitrant vingt ans auparavant, lorsqu'il avait été sommé de tenir l'étrier d'Adrien IV, de baiser ses pieds et de conduire sa haquenée par la bride.

Les sceaux des princes et rois d'Italie, de Sicile et d'Espagne, à cette époque, portent presque tous des portraits ornés de barbe.

Les Français étaient toujours grands zélateurs de cet ornement de la face. Cependant chaque année voyait éclore une révolution, et chaque révolution avait ses enthousiastes et ses ennemis.

Enfin, le xii⁰ siècle parut. La barbe régnait encore en France, mais la secousse qu'elle avait reçue dans les autres Etats voisins avait un peu affaibli son ancien éclat.

On commença à renoncer aux *barbes pointues;* insensiblement on cessa de les placer à l'extrémité du menton; on les réunit avec les moustaches; ce fut le temps des *barbes circulaires.*

Bientôt on ne rasa plus la lèvre inférieure, et alors reparurent en France les barbes en *toupet,* comme on la voit sur la statue de Philippe Iᵉʳ, qui est placée sur son tombeau à Saint - Benoît - sur - Loire.

Cette mode régna pendant un demi-siècle, puis elle subit quelques atteintes et succomba enfin sous Louis le Jeune, vers l'an 1149, qu'elle s'éclipsa entièrement.

Ce roi, dans la guerre qu'il eut à soutenir contre Thibault, comte de Champagne, ayant pris Vitry d'assaut, *fit brûler trois mille cinq cents habitants qui s'étaient réfugiés dans l'église,* dit Mézerai, *comme dans un azyle sacré.* Il se repentit bientôt de cet acte de cruauté. Il se rendit au tribunal de la pénitence, en sortit absous, mais barbifié en expiation de sa *peccadille*.

Son menton rasé déplut beaucoup à sa jeune épouse Eléonore, fille du duc d'Aquitaine, qui lui reprochait souvent de ressembler plutôt à un moine qu'à un roi. (Mézerai.) Saint Bernard, poussé par le pape Eugène III, son ancien disciple, profita des dispositions religieuses du roi de France pour lui persuader que l'entreprise d'une seconde croisade était l'unique moyen d'apaiser le courroux céleste. Ce roi pénitent ne balança point à partir pour la Palestine, où Eléonore l'accompagna.

Les malheurs dont cette guerre fut accompagnée n'étaient pas comparables à ceux que ce prince dévot allait essuyer; il s'aperçut que son menton rasé lui avait aliéné la tendresse de la reine, qui recevait les témoignages d'amour de Raimond, prince d'Antioche, son oncle paternel.

On ajoute qu'un jeune Turc, nommé Saladin, doté d'une admirable barbe, faisait encore oublier à cette princesse les fatigues d'une guerre si longue et si désastreuse.

Louis revint de Syrie rasé, vaincu, etc.

Trop certain des infidélités d'Éléonore, il fit assembler un concile à Beaugency, où, malgré les prudents et pacifiques avis de son ministre, l'abbé Suger, il fit casser son mariage, dont la dissolution fut prononcée sous prétexte de parenté, par Sanson, évêque de Reims.

Six semaines après sa répudiation, Eléonore épousa Henri, comte d'Anjou et duc de Normandie, qui devint depuis Henri II, roi d'Angleterre.

Le roi de France, voyant d'un œil jaloux ce nouveau roi possesseur de sa femme et des provinces qui composaient sa dot, lui déclara la guerre. « Qui aurait pensé, s'écrie l'auteur de la *Description des environs de Paris*, qu'une barbe coupée il y a plus de six cents ans aurait été, entre la France et l'Angleterre, la cause d'une rivalité qui, peut-être, ne s'éteindra jamais? »

J'ai voulu remonter aux sources où Dulaure avait puisé ce que je viens de raconter au sujet de l'influence de la barbe sur les destinées des nations.

A cet effet, j'ai ouvert Mézerai, j'ai compulsé le recueil des historiens des Gaules et de la France, et des religieux bénédictins.

J'ai consulté *Odon de Deuil*, *Guillaume de Nangis*, et n'ai rien découvert qui ait trait à ce fait.

Parmi les ouvrages contemporains, la Biographie universelle et la collection des Mémoires relatifs à l'histoire de France restent muettes à cet égard.

Néamoins, ceux qui adoptent cette version se fondent sur l'assertion d'un historien célèbre, qui dit qu'il périt plus de trois millions de Français et presqu'autant d'Anglais, parce qu'un archevêque s'était fâché contre les longues chevelures, parce qu'un roi avait fait raccourcir la sienne et couper sa barbe, et que sa femme l'avait trouvé ridicule avec des cheveux courts et un menton rasé. (Nouveau Dict. historique, par Chaudon, art. *Eléonore de Guyenne.*)

Depuis Philippe-Auguste jusqu'à François I.er, c'est-à-dire depuis 1180 jusqu'en 1515, les sceaux, les statues et les portraits des rois ne leur donnent pas de barbe.

Ainsi Philippe-Auguste est sans barbe sur un sceau qui le représente dans la dix-huitième année de son règne, et tel il est aussi dans l'ouvrage de Dutillet et dans les archives de l'église de Saint-Ouen, de Rouen.

Louis VIII (*Cœur-de-Lion*), son fils, est imberbe sur un portrait de lui trouvé dans une charte de 1224.

Saint Louis, dont le portrait est reproduit dans les verrières de la croisée septentrionale de Notre-Dame de Chartres, et dans l'église des religieuses de Poissy, a son menton royal rasé.

Philippe III (le Hardi), sur son tombeau qui est placé dans l'église métropolitaine de Narbonne, porte une abondante moisson de poils au menton; mais cette exception est due au caprice du sculpteur qui a voulu représenter ce prince alors qu'il était dénué de tout, quand il repassa les Pyrénées.

On le trouve sans barbe sur un sceau trouvé dans les archives de l'église des *Blancs-Manteaux*.

Philippe IV, Louis X, Philippe V, Charles IV, dont les tombeaux sont renfermés à Saint-Denis, ont la face complètement nue.

Tous les mentons étaient donc rasés durant le xiiie siècle et le commencement du xive; la mode de cultiver la barbe se rejeta sur les pays orientaux où elle trouva de chaleureux partisans.

Pourtant quelques ordres religieux s'écartèrent à cet égard de la règle générale. Ainsi les Chartreux fondés par Saint Bruno, vers 1084, conservaient la barbe.

Les Templiers, cet ordre de moines et de soldats qui avaient les défauts attachés à ces deux états, portaient aussi la barbe comme les Orientaux. Lors de leur procès en 1309, les chevaliers qui avouèrent les crimes dont on accusait leur ordre firent raser les longues barbes qu'ils portaient, pour exprimer par cette abdication volontaire l'horreur qu'ils avaient conçue pour un ordre dont ils n'avaient que trop long-temps porté la livrée.

On commença le supplice des autres en leur coupant la barbe, soit pour les avilir, soit pour se venger de ce qu'elle leur donnait un air grave et imposant.

C'est à peu près vers la même époque qu'on fit exécuter une ordonnance rendue par Philippe le Bel au sujet des notaires.

Comme leur profession était peu lucrative alors, *quantùm mutata*, ils se livraient à quelque métier qui pût les faire vivre ; les uns étaient barbiers, les autres bouchers. Philippe voulut leur interdire ces professions qui étaient incompatibles avec des fonctions qui les rendaient dépositaires des contrats des familles. Voici le texte de cette ordonnance : *Tabelliones, seu notarii publici auctoritate nostrâ, nullo vili officio, vel ministerio se immisceant, vel utantur, vel carnifices, vel barbitonsores existant : quod si fecerint ipsos post monitionem, privari volumus officio suprà dicto.*

La barbe avait perdu son antique splendeur. Un siècle s'était déjà écoulé depuis sa suppression en France, et nul ne s'était présenté pour prendre sa défense.

Vers le milieu du quatorzième siècle, Philippe de Valois lui fit un accueil favorable, et lui attira quelques partisans ; mais ce triomphe fut de courte durée, la mode de la porter descendit avec ce prince dans la tombe.

Les courtisans ne la congédièrent cependant pas immédiatement ; en mémoire de l'illustre défunt, ils lui réservèrent un espace très-circonscrit au-dessous de la lèvre inférieure; mais, de peur de blesser de royales susceptibilités, ils la portèrent très-courte; ce fut le temps de la barbe en *brosse*, en *vergettes;* les habitants des villes et des campagnes l'abdiquèrent entièrement. Toutefois, les monarques successeurs du premier des Valois montèrent sur le trône et régnèrent sans barbe, comme l'attestent les monuments.

Ainsi Charles V a le visage dépouillé sur son tombeau, déposé dans le chœur de Notre-Dame de Rouen.

Charles VI est également rasé sur le bas-relief de son tombeau en marbre noir, à Saint-Denis.

Un portrait de Charles VII (le Victorieux), tiré de la bibliothèque de Colbert, prouve que ce roi ne portait pas de barbe.

Louis XI était rasé si l'on en croit le beau portrait tiré de l'hôtel de Soissons, où il était dans l'appartement de la duchesse de Nemours. — On sait du reste qu'il avait pour barbier Olivier le Daim.

Enfin Louis XII, le Père du peuple, est représenté sans barbe sur la porte du château de Blois.

Le postiche est à la nature ce que l'hypocrisie est à la vertu : l'un et l'autre sont indignes de l'homme droit qui ne craint pas plus de découvrir ses sentiments que les traits de son visage. Mais si, comme l'a dit un fameux moraliste, *l'hypocrisie est un hommage que le vice rend à la vertu,* les barbes postiches doivent être regardées aussi comme un hommage que le luxe ou la paresse rend aux barbes naturelles.

Vers le milieu du xiv siècle on vit en Espagne éclore le règne des barbes postiches. Cet artifice, qui conciliait l'avantage que la barbe donne à l'homme avec une grande commodité, doit paraître moins surprenant chez un peuple dont le caractère a pour base la gravité. Aussi cette mode fut-elle adoptée avec le plus vif empressement. On possédait des barbes postiches de plusieurs formes, de plusieurs couleurs ; on en avait pour les jours de grandes fêtes et pour les jours ordinaires; tel pouvait avoir, le matin, la barbe courte ou rousse, et le soir, la barbe longue ou noire.

Ces perruques de menton n'auraient pas manqué d'avoir le brillant succès des perruques de tête, sans une foule d'abus qui fixèrent enfin l'attention du gouvernement. Chassées de ses Etats par Don Pèdre, roi d'Aragon, en 1351, elles essayèrent de franchir les Pyrénées, mais à peine parurent-elles sur le sol français qu'elles en furent repoussées avec vigueur et refoulées vers l'Aragon, d'où elles ne tardèrent pas à disparaître.

Il ne faut pas oublier de dire pourtant que le continuateur de Monstrelet rapporte que, dans les funérailles du duc de Bourgogne, tué à la bataille de Nancy, l'an 1476, le duc de Lorraine, son vainqueur, se présenta avec une barbe d'or postiche. « Il étoit, dit l'historien, vêtu » de deuil, et avoit une grande barbe » d'or venant jusques à la ceinture, *en* » *signification des anciens preux*, et de la » victoire qu'il avoit sur lui eue. »

Le goût pour les visages rasés dura près de trois siècles en France. Les rois, pendant ce long espace de temps, ne laissèrent plus croître leur barbe; les gens de cour imitèrent leurs maîtres, et à leur exemple tous les Français fauchèrent leur menton.

L'Italie et l'Allemagne cédèrent à l'impulsion donnée par les Français.

CHAPITRE XIII.

Triomphe de la barbe sous François Ier.— Un tison rallume la fureur des longues barbes sous le règne de ce monarque. — Impôt sur la barbe du haut clergé. — Opposition des parlements. — Edit des barbes. — Les avocats et les plaideurs obligés de se raser. — Splendeur de la barbe sous les successeurs de François Ier.—L'amiral de Coligni, son cure-dents et sa barbe.

L'époque de triomphe pour la barbe, en France, fut le siècle de François Ier.

Voici par quelle aventure le sort se réunit avec les sages projets de ce monarque pour faire revivre la majesté des longues barbes :

L'an 1521, le jour de la fête des Rois, ce prince étant à Romorantin chez le comte de Saint-Pol, s'amusait, avec plusieurs de ses courtisans, à attaquer à coups de pelotes de neige, d'œufs et de pommes cuites, une maison dans laquelle, comme dans un château-fort, se défendait de la même manière le comte de Saint-Pol avec une troupe de gentilshommes.

Le courage brillait également chez les assiégés et parmi les assiégeants, mais les munitions de guerre vinrent bientôt à manquer. Le désespoir s'empare des assiégés, les ennemis en profitent pour monter à l'assaut. La place allait être prise, mais le capitaine de Lorges, seigneur de Montgommery, reprit bientôt ses esprits, se saisit d'un tison allumé, le brandit, et le lance au hasard sur la troupe des assiégeants; le projectile improvisé alla frapper le monarque à la tête; la blessure était grave; elle nécessita le sacrifice entier de la chevelure; mais voulant regagner du côté du menton ce qu'il perdait du côté de la tête, le héros, par mode de consolation, donna liberté de croître à tous les menus poils qui ombrageaient son ovale facial.

Suivant une autre version, la cause de cette révolution de toilette était dans le mouvement de la renaissance qui entraînait toutes les imaginations vers les formes

antiques, et dans l'influence du protestan-
tisme qui reportait les idées vers l'Eglise
primitive.

 Quoi qu'il en soit, les courtisans copièrent bientôt le maître; à la ville aussi
bien qu'à la cour, cet usage fit fureur.
Les évêques, qui vivaient plus à la cour
que dans leur diocèse, brûlaient d'imiter
le monarque, mais les canons des conciles
les effrayaient ; car, malgré l'exemple donné
par des papes au xiiie siècle, les anti-barbistes avaient triomphé de nouveau en France
au xive siècle, et des conciles provinciaux,
à peu près tolérants pour les laïques, con-
traignaient plus sévèrement que jamais les
mandibules cléricales à rester nues.

C'était presque matière à schisme entre
l'Eglise gallicane et l'Eglise romaine. Rome
ne put s'empêcher de payer tribut à la
nouveauté. Jules II, à son avènement au
trône pontifical en 1503, donna à la chrétienté le spectacle d'un pape portant une
barbe longue et flottante, à la manière
d'un patriarche oriental. Jeune, il prit cet
ornement pour se donner l'aspect grave
d'un vieillard. Clément VII, qui avait perdu
l'habitude de se raser dans la prison où

il avait été renfermé par Charles-Quint ,
ne jugea pas à propos de la reprendre après
sa rentrée au Vatican.

Le glorieux restaurateur des lettres , à
qui ses maîtresses coûtaient cher , imagina
de spéculer sur la coquetterie de son haut
clergé ; il obtint du pape un bref qui l'au-
torisait à lever un impôt sur tous les clercs
portant barbe. Grande division entre le
clergé riche et le clergé pauvre , le premier
trouvant agréable de pouvoir acheter le
droit de se mettre à la mode, le second
s'obstinant d'autant plus dans son puri-
tanisme, qu'il lui aurait fallu payer pour
y renoncer, et qu'il se sentait blessé par
l'empressement des clercs de haut parage
à se séparer de lui par une distinction.

Les progrès rapides que faisait la mode
des longues barbes alarmèrent les mem-
bres du parlement de Paris, qui lui firent
une rude opposition. La magistrature ,
généralemeut dévote, prit parti pour le
clergé puritain. Un édit de 1535, appelé
Edit des barbes, défendit aux plaideurs de
paraître au Palais avec une barbe.

Un maître des requêtes fut obligé de raser la sienne pour être admis à prêter son

serment d'admission. On cite un avocat qui fut obligé d'en faire autant pour prendre place au Barreau (tome **2** des *Mémoires de littérature* de Sallengre).

François Olivier, homme de cour, qui fut depuis chancelier, éprouva toute la haine que le parlement avait pour les longues barbes quand il se présenta pour être admis à la charge de maître des requêtes : il fut d'abord refusé pour l'unique raison qu'il n'avait pas le menton rasé. Malgré les pressantes sollicitations de l'aspirant, le parlement se montra inflexible, et *François Olivier* se vit contraint de sacrifier sa longue barbe au puéril entêtement de la cour.

Le parlement de Toulouse se distingua aussi en rendant un arrêt qui défendait expressément de porter de longues barbes. Un gentilhomme voulut solliciter en cette cour avec un menton barbu, comme la mode l'exigeait; on lui répondit très-sérieusement qu'on lui rendrait justice quand il serait rasé (Gentien Hervet; *De radenda barbâ prima oratio.*)

Il n'y avoit procureurs ni advocats aux cours souveraines qui eussent osé comparoir en la cour le jour de la Saint-Martin avec la barbe longue, sans encourir l'amende, ce qui étoit observé aux jurisdictions inférieures.

Un auteur contemporain (*Discours facétieux des barbes*) assure qu'il fallait bien se garder de venir présenter une requête sans s'être auparavant rasé le menton. *Celui-là mesme eust esté rabroué*, dit-il, *qui fust venu avec sa barbe présenter une requeste, tellement que celui qui la vouloit présenter mettoit promptement sa barbe dans sa manche.*

Ces impitoyables ennemis des mentons barbus ne pouvaient heureusement exercer leur persécution que sur le petit nombre de gens qui étaient placés sous leur dépendance. Toutefois, cette ardeur de débarbifier s'amortit insensiblement, et bientôt on vit ces intolérants s'assujettir eux-mêmes à l'usage qu'ils avaient voulu proscrire.

Ainsi finit cette espèce de ligue de la magistrature. Bientôt tout subit le joug de la barbe victorieuse, et l'on finit par regarder un menton rasé comme la marque de la turpitude et de la débauche.

C'est vers le même temps que parut la mode des barbes blondes. Pierre Lesguillard, avocat et poëte, rendit hommage à cette mode en publiant à Caen, en 1580, un ouvrage en vers, sous le titre de : *Eloge des barbes rousses.*

La barbe brilla du plus vif éclat sous les premiers successeurs de François Ier, et se déploya avec magnificence sur les mentons des grands de cette époque.

Une estampe en bois, trouvée au palais des Tournelles, représente le roi Henri II mourant : il porte une très-longue barbe, comme dans une gravure où on le voit présidant à la réception d'un chevalier de l'ordre de St-Michel.

François II, mort à dix-sept, était naturellement imberbe.

Charles IX est peint avec un menton touffu sur les vitres de l'église de St-Etienne de Beauvais.

Les princes de la maison de Lorraine étaient barbus, ainsi que Louis de Bourbon, prince de Condé, le chancelier de L'Hospital et tous les gentilshommes de la cour.

Le connétable de France, Anne de Montmorency, avait le menton orné de la plus riche barbe de l'époque.

Son illustre et infortuné neveu, l'amiral de Coligni, logeait son cure-dents dans la sienne. *Au reste,* dit Brantôme, *il étoit fort agréable, accostable et aimable. Aussi, l'Italien disoit :« Dio mi guarda dell' animo et stecco dell' ammiraglio,* c'est-à-dire *Dieu me garde de l'esprit, et cure-dents de Ladmiral, parce qu'il en portoit toujours un, fust en la bouche, fust en la barbe.* »

Quoique Henri de Guise, dit le Balafré, portât la longue barbe, ainsi que son frère le cardinal, cependant le roi Henri III n'est peint qu'avec un légère mouche au menton sur un tableau trouvé dans le cloître des Feuillants, dont il était le fondateur.

Ce qu'il y a de certain encore, c'est que ce prince, jaloux de prêter son appui aux anti-barbistes, ayant apporté un jour dans la balance, pour la faire pencher en leur faveur, son menton soigneusement barbifié, ne recueillit de cette démarche que des épigrammes mordantes. Au milieu des désordres où ce prince était plongé, comme un nouvel Héliogabale, il alla jusqu'à paraître dans un bal avec un visage dépouillé. Une satire du poëte d'Aubigné nous a conservé ce fait avec l'indignation qu'on y attachait :

Henri fut mieux instruit à juger des atours
Des p...... de sa cour, et plus propre aux amours ;
Avoir le menton ras, garder la face pâle,
Le geste efféminé, l'œil d'un Sardanapale ;
Si bien qu'un jour des Rois, ce douteux animal,
Sans cervelle, sans front, parut tel en un bal.

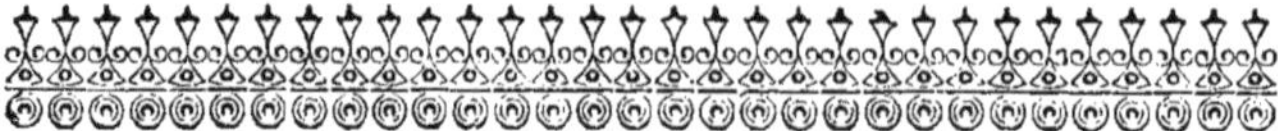

CHAPITRE XIV.

Branche des Bourbons.— Age d'or de la barbe. — Règne de Henri IV.—Barbes pointues, carrées, rondes, en éventail, en queue d'hirondelle, en feuille d'artichaut. — Barbes à la Ligue, en satyre. — Ce qu'était une bigotelle.

Décadence de la barbe sous Louis XIII. — Paroles du grand Sully au sujet des longues barbes. — Résurrection des moustaches.

Madame de Maintenon oblige Louis XIV de renoncer à sa barbe, sur les suggestions des PP. Letellier et Lachaise, confesseurs du monarque.

De la barbe en Russie sous le règne de Pierre le Grand. — La barbe paie un droit d'octroi aux portes des villes. — St-Barthélemi des barbes. — Barbes orientales. — Barbes espagnoles.—Barbes allemandes.

Henri IV, mieux inspiré, se servit de sa large barbe grise comme d'une auréole; mieux que ses qualités brillantes et son panache blanc, elle rallia à lui les hommes de tous les partis. Ce fut dans cet âge d'or des mentons barbus que parurent successivement les barbes *pointues*, *carrées*, *rondes*, *en éventail*, *en queue d'hirondelle*, *en feuille d'artichaut*. On vit même des barbes *à la Ligue*; c'est ce qu'on trouve dans une pièce de vers qui termine la satire Ménippée :

> Qui aux Quarante a fait la figue,
> Qui n'a point la barbe *à la Ligue*.

On porta aussi des barbes *en satyre*. Elles étaient frisées et partagées par flocons. On rasait le dessous de la lèvre inférieure.

C'est à cette époque qu'il faut placer le commencement de la décadence de la barbe en France.

Dans le temps des barbes à l'*éventail*, dit de Saint-Foix dans ses *Essais* sur Paris, on les faisait tenir en bonne position à l'aide de cires préparées par l'industrie, toujours ingénieuse lorsqu'il s'agit de flatter la vanité ; on avait la faculté de procurer à sa barbe l'odeur qu'on souhaitait, en lui faisant subir des libations parfumées, et en les arrosant d'essences exquises.

Communément , le soir était consacré à la toilette du visage. Après avoir peigné, mastiqué et balayé la barbe avec des brosses tout exprès fabriquées pour cet usage, besogne dont se chargeaient volontiers les petites-maîtresses, on l'enfermait dans un petit sac, afin qu'elle ne fût pas dérangée pendant la nuit. Cette espèce de coiffure ressemblait à la bourse que les dévots portaient à leur ceinture et dans laquelle ils renfermaient leurs aumônes. On appelait ce sac une *bigotelle*, d'après le mot espagnol *el bigote*, la moustache.

Par un évènement aussi funeste qu'imprévu, la barbe, qui avait été portée à son plus haut point de gloire , perdit tout-à-coup de sa faveur et finit par être entièrement proscrite. La fin tragique du Béarnais et la jeunesse de son successeur en furent les seules causes.

Louis XIII monta imberbe sur le trône de son glorieux père ; dès qu'il eut quelques poils au visage, il les fit raser. Les courtisans , voyant leur jeune roi sans barbe, trouvèrent la leur trop longue : ils la réduisirent bientôt à la barbe en *bouquet*, qui consistait en une mince pincée de poils placée sous la lèvre inférieure. Ces changements, admis d'abord à la cour, furent bientôt adoptés par la province. Cependant, tout le monde ne suivit pas cet exemple : Sully eut le courage de conserver sa grande barbe et de paraître ainsi à la cour de Louis XIII, où il était appelé pour donner son avis dans une affaire d'Etat.

Les jeunes courtisans à barbes écourtées riaient de son air grave et de sa barbe à l'antique. Piqué de l'affront qu'on lui faisait, le duc dit au roi : *Sire, lorsque votre père, de glorieuse mémoire, me faisait l'honneur de me consulter dans ses grandes et sérieuses affaires, au préalable il faisait sortir tous les bouffons et baladins de sa cour.*

Ces baladins renoncèrent bientôt à leur petit bouquet de barbe, ou plutôt, pour ne pas mentir à l'histoire, ils le transportèrent ailleurs et le firent remonter sous la lèvre inférieure, où, sous forme de virgule, il prit le nom de *royale*. La forme de celle-ci fut tantôt carrée, tantôt pointue.

Vers le milieu du règne de Louis XIII, la barbe avait repris faveur. Les mentons des grands et du peuple la portaient avec fierté. Mais on arriva insensiblement à diminuer sa longueur, puis on retrancha quelque chose sur son volume; enfin, pour lui épargner plus de tribulations, Louis XIV supprima charitablement la barbe en *bouquet*. Cependant, les magistrats, qui avaient admis la longue barbe, ne la quittèrent point; le premier président Molé, mort en 1656, porta toujours la sienne, et les Frères Chartreux lui restèrent fidèles. Après avoir porté encore la barbe avec quelque succès pendant sa jeunesse, le grand roi prit la moustache vers l'âge mûr, et la quitta lorsqu'elle se clairsema de filets d'argent, sur une suggestion de la dévote Maintenon, d'autres disent sur une intimation de l'un de ses confesseurs, le père Lachaise ou Letellier. Les dernières tentatives des partisans de la barbe, à cette époque, ne purent lui rendre faveur. Réduite à de simples moustaches qu'on portait tantôt à la *dragonne*, tantôt en *garde de poignard*, tout lui prédisait une fin prochaine. On s'ennuya bientôt de porter sur la lèvre supérieure quelques poils toujours incommodes, et finalement les royales moustaches n'osèrent plus se montrer que sous le nez des grenadiers. La perte de la barbe était donc jurée.

A partir de cette époque, l'empire de la barbe n'a pas cessé de marcher d'échecs en échecs vers sa décadence complète, du moins en Europe.

Quant à l'Orient, il lui est resté fidèle, malgré les efforts tentés pour y introduire l'usage européen.

Le rude civilisateur de la Russie, le czar Pierre, entreprit la réforme de la barbe de ses sujets. Il ordonna que les gentils-hommes, les marchands et les artisans, excepté les prêtres et les paysans, paie-raient cent roubles pour conserver leur barbe; que les gens du bas peuple seraient taxés à un copeck pour avoir le même droit, et il établit des commis aux portes des villes pour percevoir cet impôt. Un changement aussi étrange ébranla le vaste empire de la Russie. On crut la religion et les mœurs compromises. Les plaintes éclatèrent de toutes parts; on se permit même à cet égard des libelles contre le souverain; on vit renouveler contre les malheureuses barbes les fatales scènes de la Saint-Barthélemi : partout on coupait, on rasait. On rapporte l'histoire de quelques infortunés qui conservèrent précieu-

sement les tristes débris de leur menton ,
et qui voulurent, pour ne s'en séparer jamais, qu'après leur mort ils fussent dé-
posés dans leur cercueil.

L'exemple, plus puissant que l'autorité,
fit en Espagne ce qu'elle n'avait opéré que
très-difficilement en Russie. Philippe V
monta sur le trône le menton rasé. Les courtisans imitèrent le prince, et le peuple copia
les courtisans. Cependant, quoique cette
révolution s'opérât sans violence et avec
lenteur, elle fit naître bien des regrets et
des murmures ; la gravité espagnole perdait à ce changement, et l'on ne contrarie
jamais impunément le goût favori d'une
nation.

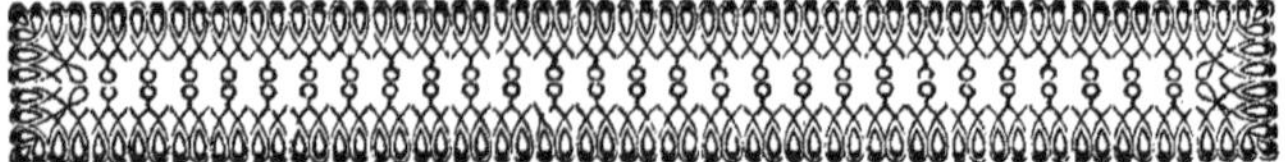

CHAPITRE XV.

Persécutions de la barbe au commencement du XVIIIe siècle. — Des ambassadeurs sont envoyés à Rome pour obtenir son bannissement de la cour pontificale. — La barbe cherche un asile dans les cloîtres. — Influence de la grande révolution de 1789. — Renaissance de la barbe. — Etat de la barbe à l'époque du directoire, du consulat et de l'empire. — Bonaparte essaie de laisser pousser sa barbe dans sa campagne d'Egypte. —Son désappointement. — Lord Byron n'est pas plus heureux. — Nudité des visages sous la restauration. — Révolution de Juillet. — La barbe ressuscite le troisième jour. — Barbes à la moyen-âge. — Barbes romantiques. — Barbes saint-simoniennes. — En 1833, 1834, 1835, la barbe est traitée de factieuse par le pouvoir. — Arrêtés du maréchal Soult. — Les sapeurs sont rasés. — Suicide.—La France n'offre plus qu'une forêt de barbes. — Hospitalité de la cour. — Culte de la barbe aux Tuileries.

Tel était l'état déplorable de la barbe en France et dans les principales contrées de l'Europe, lorsque le XVIIIe siècle parut.

Loin de lui être favorable, il enchérit encore sur les persécutions du siècle précédent. On la traquait jusque dans les cloîtres, où elle vivait tranquille et inoffensive. On fit jouer mille ressorts pour l'en bannir : les *Augustins*, les *Récollets* multiplièrent les pélerinages à Rome pour solliciter son expulsion qui fut accordée. Poursuivie à outrance par des ingrats, cette infortunée alla se réfugier sur le visage des Capucins, seul asile qui lui restât, et où elle fut respectée encore quelques instants.

La grande révolution de 1789 ne changea pas seulement l'organisation politique et civile de la France ; elle apporta encore de profondes modifications dans les mœurs privées et le costume de ses habitants.

La barbe devait se ressentir de son influence ; elle devint, en effet, le signe distinctif des partisans exaltés de la Montagne. Le fameux *Jourdan*, surnommé Coupe-Tête, qui périt sur l'échafaud deux mois avant la journée du neuf thermidor, portait la sienne d'une grandeur gigantesque.

L'usage encore en vigueur des *favoris*, de cet ornement qui contribue à relever l'expression de la physionomie, remonte à la même date que notre affranchissement politique ; seulement leur forme et leur longueur ont subi plus d'une fois les caprices journaliers de la mode.

1789 et la formation des gardes nationales dans toutes les communes du royaume ramenèrent aussi les moustaches au-dessus de toutes les lèvres.

Une secte religieuse peu nombreuse adopta la longue barbe à l'époque du directoire.

Les deux plus grandes célébrités de la dernière génération, Bonaparte et lord Byron, nourrirent pendant quelque temps un désir secret de rivaliser par la barbe avec ces peuples orientaux que tous deux visitèrent.

Il faut lire dans les Mémoires de Bourrienne le désappointement du général en chef de l'armée d'Egypte, lorsque, après quelques jours de séparation, se présentant à son secrétaire, le menton maigrement couvert d'un poil rare, il s'aperçut qu'il excitait en lui un sourire malicieux, au lieu d'un sentiment de vénération.

A différentes époques de sa vie errante,

Byron tenta le même essai , sans réussir davantage.

Pendant les dix années de l'empire, la moustache fut interdite au *pékin ;* le *calicot* s'en orna sous la restauration.

Quelques adeptes de l'école romantique tentaient déjà depuis plusieurs années de remettre les barbes en honneur ; mais leurs essais avaient été impuissants et considérés comme une innovation ridicule.

Un statisticien eût pu facilement faire le calcul de ces barbes improvisées après la représentation de *Hernani* et de *Henri* III. La mode n'avait pas encore sanctionné ce genre de protestation contre les mœurs de l'époque.

C'est la révolution de Juillet qui donna finalement gain de cause à la barbe ; l'enthousiasme belliqueux qui s'était emparé de toutes les têtes , une tendance unanime à copier, au physique comme au moral, l'attitude de la forte génération de 89 devant l'Europe coalisée , expliquent la faveur générale avec laquelle elle fut accueillie.

Un simple article de toilette se trouva

élevé sur-le-champ au rang de symbole politique.

Doit-on s'étonner, d'après cela, que la barbe ait été proscrite des Etats où dominaient les idées contraires à celles qu'elle était censée représenter ?

Personne n'a oublié l'aventure dont l'empereur *Nicolas* et un jeune Français ont fait les frais à Dresde en 1838.

A mesure que les traditions de Juillet se sont affaiblies, et l'on sait ce qui a contribué à cet amortissement de l'esprit public, la barbe a vu décroître un peu le nombre de ses admirateurs.

En 1833, 1834, 1835, le pouvoir la traita presque de factieuse en la considérant comme le signe de ralliement d'une opinion qui lui était radicalement hostile; mais, nonobstant ces préventions bien ou mal fondées, la barbe a conservé ses prérogatives auprès de nos jeunes gens, artistes et fashionables. Il n'y a que les barbes dites *barbes à la moyen-âge* qui se soient ressenties à Paris de la mort du saint-simonisme. Quant aux barbes à la Henri II, aux *moustaches*, aux *royales*, aux *colliers*, qui continuent de parer un assez bon nombre de visages appartenant à toutes les classes sociales, il ne paraît pas qu'ils aient à redouter de long-temps l'ostracisme de la mode.

Pour terminer, nous rappellerons que le grave sujet qui nous occupe, n'a point été jugé indigne, sous le rapport militaire, de l'attention du gouvernement. Deux arrêtés du maréchal Soult, ministre de la guerre, ont été rendus en 1833 et 1834, à l'occasion de la barbe : l'un a permis aux compagnies d'infanterie du centre le privilége des moustaches, sans doute dans un esprit louable d'égalité; l'autre, qui n'a pas été aussi bien accueilli par ceux qu'il concernait, a prescrit aux sapeurs de raser leurs longues barbes. Les journaux racontent que l'une de ces vieilles barbes, à cette nouvelle, se donna la mort de désespoir.

Quoi qu'il en soit, cette proscription qui s'appliquait seulement à la discipline militaire ne s'étendit pas au-delà du cercle dans lequel le maréchal voulait se renfermer. La barbe couvrit bientôt tous les visages français. La cour elle-même lui fit un accueil hospitalier, et nos jeunes princes ne la repoussèrent pas quand l'adolescence la fit poindre à leurs mentons. Le fils aîné du roi, dont la France portera toujours le deuil, a laissé le souvenir de l'une des plus belles barbes du royaume; ses frères n'ont pas voulu que cette mode descendît avec cet infortuné prince dans la tombe, ils ont religieusement imité son exemple, et aujourd'hui le menton des enfants du roi est décoré d'une barbe qui rivalise avec celle de Henri IV, leur aïeul. Le culte qu'on a voué aux Tuileries à la barbe, contribuera, il n'en faut pas douter, à lui conserver pendant long-temps le sceptre qu'elle tient actuellement en France en souveraine.

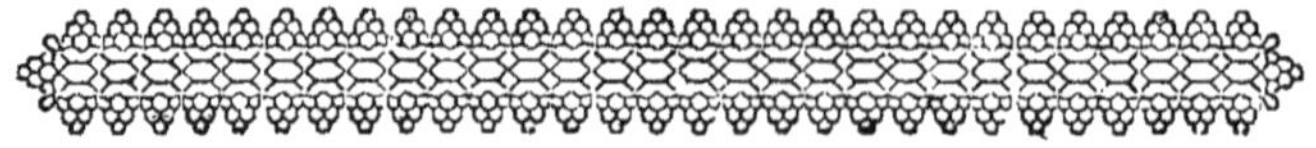

CHAPITRE XVI.

Barbes sacerdotales.

De la barbe chez les prêtres des différentes religions. —Dieu, par l'organe de Moïse, ordonne de porter la barbe longue. — Loi du *Lévitique.* — La barbe du grand-prêtre Aaron est chantée dans les psaumes du saint roi David. — Les prophètes Isaïe et Jérémie condamnent les mentons rasés et les vouent à l'ignominie. — Jésus-Christ se conforme à la loi du *Lévitique.* — Le Sauveur du monde porte la barbe ainsi que ses disciples.— Les constitutions des Apôtres défendent de se raser.— Les Pères de l'Eglise parlent en faveur des longues barbes. — Opinion de Saint Clément le Romain, de Saint Ambroise, de Saint Clément d'Alexandrie, de Saint Cyprien, de Saint Epiphane, etc. — Deux conciles prennent parti pour les grandes barbes.— Les anti-barbistes suppriment un mot au canon 44 du concile de Carthage. — Leur supercherie est dévoilée. — Graves différends.

Parmi les dignités qui doivent, par un dehors imposant, acquérir la confiance et la vénération des peuples, le sacerdoce tient le premier rang.

Le ministre de la divinité a besoin que

le prestige des vêtements pompeux le
suive au pied des autels; mais il convient
que cette magnificence sacrée, en s'éloi-
gnant de la frivolité et du luxe vulgaire, se
rapproche davantage de la nature et soit
plus caractérisée de cette empreinte respectable de l'antiquité. Y a-t-il un ornement qui réunisse mieux ces conditions,
qui soit moins recherché, qui donne à
l'homme un air plus grave, plus austère,
en est-il un qui, en un mot, convienne
mieux aux saintes fonctions du sacerdoce
que la majesté d'une longue barbe?

Je pourrais facilement m'appuyer de
l'exemple des prêtres des religions étrangères, et puiser, dans les livres dépositaires de leurs dogmes, les témoignages de
l'honneur que l'on a toujours gardé à cette
marque de la virilité; il me serait facile
de citer une multitude de monuments historiques qui attestent que toutes les nations du monde se sont accordées à regarder la barbe comme l'ornement le plus
convenable aux prêtres des différents cul-
tes; mais je n'invoquerai pas ces secours
étrangers et n'étalerai pas une érudition
qui, pour être facile, n'en serait pas moins

stérile et fatigante, et notre religion seule me fournira des preuves à l'appui de ma proposition.

Si j'ouvre le livre sacré des Israélites, je trouve que Dieu y menace plusieurs fois son peuple, par l'organe de ses prophètes, d'avoir le menton rasé ignominieusement, ce qui était alors une infamie attachée à l'esclavage. (Isaïe, chap. 7, v. 20, chap. 15, v. 2 ; Jérémie, chap. 48, v. 37 ; *Apocalypse*, 14.)

Le saint roi David ne voit dans l'extérieur de l'homme rien de plus respectable que la barbe. Voici comme il parle de celle du grand-prêtre Aaron (*Ps.* 132, v. 2) : *Sicut unguentum in capite, quod descendit in barbam, barbam Aaron.*

Tertullien, dans son livre *De Pallio*, a commenté très-favorablement pour la barbe le texte de ce psaume, ainsi que Saint Ambroise.

Dans le concile de Bâle, tenu en 1433, Henri Kalteisen a fait aussi un long commentaire à ce sujet.

Au concile de Trente, un archevêque, *Sauveur*, prononça un discours qui roula presque tout entier sur la barbe d'Aaron.

On lit dans les *Paralipomènes* l'histoire des ambassadeurs de David que le roi des Ammonites fit raser, et qui se réfugièrent ensuite à Jéricho pour cacher cet outrage et attendre que leur barbe fût repoussée,

J'ai rapporté dans les premières pages de cet opuscule la loi du Lévitique : *Non attondebitis....*

Aucune autre loi n'a dérogé depuis à celle-ci.

Le divin législateur de notre religion l'a respectée, en s'y soumettant lui-même, et ses disciples ont soutenu avec chaleur la nécessité de porter la barbe.

Dans les constitutions des Apôtres, la loi du Lévitique est encore reproduite; il y est dit · *Oportet prætereà non barbæ pilum corrumpere :* « Il faut surtout ne point se couper le moindre poil de la barbe. »

Si du temps des Apôtres j'arrive, en traversant les âges, jusqu'à l'entier établissement du christianisme, je trouve que tous les pères, tous les docteurs de l'Eglise naissante ont recommandé fortement l'usage de porter la barbe. Saint Clément le Romain, disciple de Saint Pierre, dit dans le chapitre *Catholicà doctrina de Laïcis* de son livre intitulé : *Liber constitutionum sanctorum apostolorum*, et après avoir rapporté la loi du Lévitique, que Dieu, qui nous a créés à son image, accablera de sa haine ceux qui violent sa loi en se rasant le menton.

Saint Clément d'Alexandrie, que l'on regarde comme le plus érudit de tous les Pères de l'Eglise, reproche avec véhémence aux débauchés de son temps de se montrer en public avec un menton rasé. La *barbe contribue*, dit-il, *à la beauté de l'homme comme une belle chevelure contribue à la beauté d'une femme.*

Tertullien, usant de son éloquence ordinaire, s'élève avec force contre les mœurs dissolues de son siècle, qui avaient introduit l'indigne usage de se raser ; il s'appuie sur Saint Jérôme et Saint Clément d'Alexandrie et renchérit encore sur ces deux saints Pères.

Saint Cyprien n'a pas moins témoigné combien il croyait les mentons rasés opposés à la discipline chrétienne ; il s'écrie dans son *Divi Cypriani, liber de lapsis : Et malgré qu'il soit écrit : Vous ne couperez point vos barbes, ils mettent leurs mentons à nu et s'enluminent la figure ; c'est ainsi que pour plaire aux hommes, ils ne craignent pas de déplaire à Dieu.*

Je ne m'arrêterais pas si je voulais citer toutes les autorités religieuses qui ont fait la censure des mentons rasés, et qui ont regardé la barbe, non-seulement comme un ornement conforme à la gravité chrétienne, mais qui ont encore soutenu que l'on ne pouvait s'en abstenir sans pécher.

Deux conciles viennent confirmer l'opinion des premiers Pères de l'Eglise.

Le premier est le quatrième concile de Carthage, tenu en 398, et dont le canon 44 est ainsi rédigé : *Clericus nec comam nutriat, nec barbam radat* : « Un ecclésiastique ne doit ni entretenir sa chevelure, ni raser sa barbe. »

Le concile tenu à Barcelone en 540, répète la même injonction au canon 3.

Saint Epiphane vivait au temps de ce concile de Carthage dont je viens de parler. Cherchons dans ses écrits si l'esprit des Pères de cette époque annonce la proscription des longues barbes.

Voici comment il s'exprime à l'égard des hérétiques Massaliens : « Est-il rien de

» plus odieux, de plus contraire aux
» bonnes mœurs que leurs usages ? Ils se
» coupent la barbe qui est le propre de la
» virilité. Cependant les expressions sacrées
» des constitutions des Apôtres prescrivent
» dogmatiquement le régime qu'on doit
» observer à l'égard de la barbe : il est dé-
» fendu d'en rien couper, de peur que
» l'on ne vienne enfin à se la raser entiè-
» rement. » *Atqui quod ad barbam attinet in
apostolorum constitutionibus divino sermone,
à dogmate præscribitur, ne ea corrumpatur :
hoc est, ne barba ponatur, neve meretricius
cultus et ornatus usurpetur* (sect. VIII).

Je sais que le canon du concile a donné
lieu à des déclamations, et que les anti-
barbistes ont lancé contre lui l'anathème.

Voici, suivant eux, les expressions du
canon de ce concile : *Clericus nec comam
nutriat nec barbam ;* et les voici suivant les
partisans des barbes : *Clericus nec comam
nutriat, nec barbam radat ;* la première version défend l'usage des barbes, la seconde
l'ordonne. Ainsi, le mot *radat,* conservé ou
supprimé, fait toute la question.

Il s'agit maintenant de l'éclairer ; pour
arriver à ce but, nous examinerons d'abord

les preuves que les contemporains de ce concile nous fournissent.

Saint Sidoine Apollinaire dit très-clairement en parlant du temps de ce concile de Carthage : *Tum coma brevis et barba prolixa* : « Alors on portait des cheveux courts et la barbe longue. »

La supercherie des ennemis des barbes est encore établie par une masse de preuves triomphantes de laborieux commentateurs, tels que les Pères Labbe et Hardouin.

Savaron, dans son Commentaire sur les épîtres de Saint Sidoine Apollinaire, soutient avec chaleur que l'on a supprimé le mot *radat* du canon 44 du concile de Carthage.

Le Père Labbe a ajouté une note au canon en question, dans laquelle il établit le chiffre des manuscrits où se trouve le mot *radat*.

Le Père Hardouin affirme que ce mot important existe dans les manuscrits de Corbie et de Paris. Le Père Sirmond est du même sentiment que ces deux auteurs.

Charles Dumoulin, dans ses notes sur le chapitre 5 du titre 1er, 3e livre Des Décrétales, assure que le texte du canon a été mutilé, et qu'il faut lire *nec barbam radat.*

Un savant Jésuite, le père Oudin, dans ses recherches sur la barbe, blâme hautement le cardinal Baronius qui condamnait les longues barbes, et dit que ce cardinal était d'une insigne mauvaise foi, ou qu'il n'avait pas bien voulu lire son Saint Epiphane.

Pierius Valerianus, dans un ouvrage plein d'érudition qu'il a dédié au cardinal de Médicis, cite une foule d'autorités tant sacrées que profanes, pour démontrer que le canon du concile de Carthage, qui défend aux ecclésiastiques de nourrir leur barbe, a été entièrement tronqué, et cite entre autres manuscrits, pour corroborer son opinion, celui qui est dans la bibliothèque Palatine.

La ruse des prêtres anti-barbistes est victorieusement démontrée; le mot *radat* a été escamoté au canon 44. Le concile de Carthage, auquel assistaient deux cent quatorze évêques, défend donc aux ecclésiastiques de se couper la barbe, et établit sur ce point l'opinion générale de la primitive Eglise.

CHAPITRE XVII.

Les papes des premiers temps de la chrétienté se font honneur d'être barbus.—Séparation des deux Eglises d'Orient et d'Occident. — Effroyable catastrophe des barbes.— Le patriarche grec Photius excommunie le pape Nicolas Ier, parce que celui-ci se rasait. — L'Eglise latine reprend un instant la barbe. — Les évêques font la barbe aux rois (historique). — Triomphe de l'Eglise. — Les papes reviennent à la barbe. — De nouveaux orages menacent les mentons barbus. — Des statuts synodaux des églises d'Orléans, de Béziers, de Saint-Malo, de Sens condamnent la barbe.—Le clergé, qui avait fait la barbe aux rois, ne la fait pas au peuple. — Barbe des moines aux XIIe et XIIIe siècles. — Les Chartreux ne se rasent que dix fois par an. — On chante l'office des morts à cette solennité. — Bénédiction de la barbe.

Guidé par l'impartialité la plus sévère, nous allons suivre la chaîne des différents évènements qui ont si souvent changé la toilette de la figure des prêtres dans le cours des siècles qui nous ont précédés.

Les fondateurs de l'Eglise chrétienne, pour qui le code hébraïque fut à peu près ce qu'est pour notre gouvernement le recueil des lois de la Convention et des décrets de l'empire, c'est-à-dire un arsenal d'armes propres à défendre toutes les thèses, et qui cherchaient un moyen de se distinguer des Gentils, Grecs et Romains, que la mode avait amenés à se raser avec soin, avaient relevé le verset du Lévitique, préconisé la longue barbe, et condamné un menton rasé comme vanité d'un luxe mondain.

Tous les papes des premiers temps de la chrétienté se faisaient donc honneur d'une longue barbe.

Le christianisme, en arrivant à Rome, apportait avec lui quelque chose du caractère oriental. Il n'était pas étonnant que les premiers Chrétiens, de même que les Juifs desquels ils sortaient, fissent étalage de leur barbe.

La tradition représente Saint Paul et les autres Apôtres décorés d'une longue barbe, et il n'est pas douteux que le Christ ait conservé la sienne.

Tel était donc l'usage constant de la primitive Eglise.

A l'époque de la séparation des deux Eglises d'Orient et d'Occident, une discipline toute nouvelle, à l'égard de la barbe, prit fondement dans Rome. Les papes, se rattachant aux idées temporelles, pour les transformer, firent de Rome catholique l'héritière de Rome impériale.

Tandis que les patriarches de Constantinople, demeurés dans les obscurités du Mosaïsme et les habitudes de l'ancien monde asiatique, s'entouraient de moines et d'ecclésiastiques à longue barbe, les pontifes romains obligeaient, au contraire, par leur persévérance politique, tout le clergé d'Occident à se raser le visage.

La division des Eglises grecque et latine devint le signal d'une effroyable perturbation. Jusque-là prêtres et nobles, empereurs et papes, avaient éloigné scrupuleusement le rasoir de leur auguste face. Léon III, pour se distinguer du patriarche de Constantinople, déposa sa barbe et présenta le premier à la chrétienté stupéfaite le spectacle inattendu d'un pape rasé (en 797).

Environ trente ans après, Grégoire IV, persévérant dans le même système et non content de prêcher d'exemple, fulmina une bulle qui enjoignait à tout clerc de faire le sacrifice du poil du menton, et qui menaçait les réfractaires de la confiscation de leurs biens.

Bientôt les disputes redoublèrent. *Photius*, patriarche grec, renouvela les prétentions de préséance du clergé d'Orient sur le clergé d'Occident. Il excommunia le pape Nicolas Ier et déclara hérétiques les évêques occidentaux. Entre autres reproches, il leur faisait celui de se couper la barbe. *Etrange raison pour brouiller l'Occident avec l'Orient,* dit un grand écrivain du dernier siècle.

Nicolas Ier ne se défend pas de cette grave accusation. Dans une lettre qu'il écrivait en 867 à Hincmar, archevêque de Reims et aux autres évêques du royaume de France, il dit : « Qui plus est, ils s'em- » pressent de nous couvrir de blâme, parce » que les clercs qui sont sous notre do- » mination ne refusent pas de se raser » la barbe. *Quin et reprehendere satagunt quia clerici barbas radere suas non abnuunt.* (*Acta conciliorum.*)

Jamais les mentons grecs n'avaient été si barbus, ni les mentons latins si bien rasés.

La mort du patriarche, sans détruire le schisme, calma pour quelque temps les esprits et contribua à amortir le feu de cette grande querelle. Jean XII, qui s'empara du Saint-Siége en 956, feignit d'oublier l'animosité qui avait régné entre les deux Eglises, et reprit la barbe par déférence pour l'empereur Othon Ier; mais ses successeurs continuèrent d'y renoncer.

Cependant, à cette époque, l'Eglise latine professa une entière indifférence sur cette matière : c'est ce qui résulte du moins de la résolution du concile de Limoges, tenu en 1031. On y voit qu'il importe peu qu'un prêtre soit rasé ou non. On y tient en balance les raisons des Grecs et des Latins, et on y dit que ces derniers s'appuient sur l'exemple de Saint Pierre. Cette assertion est contre toute vérité, ainsi que le prouvent tous les monuments qui nous ont conservé l'image de se saint, et que les Grecs se fondent sur l'exemple des apôtres Paul et Jacques, pour conserver sur leur face cet ornement de la virilité, comme une dignité dont Dieu a voulu que l'homme seul fût honoré.

Le concile de Bourges, tenu la même

année , se conforma aux décisions du concile de Limoges.

Enfin parut le pape Grégoire VII , jadis frère Hildebrand, moine rasé , homme turbulent, ambitieux , et ennemi déclaré des empereurs et des rois. Aussitôt après son avènement il se mit à cette question avec toute la vigueur de son caractère , et soutint qu'un prêtre barbu était criminel de lèse-chrétienté.

Un concile, assemblé à Gironne par ses ordres en 1078 , défendit , sous les peines les plus rigoureuses, l'usage de la barbe au clergé.

En 1080, il écrivit une lettre sévère à Orzoc, podestat de Cagliari, parce que l'archevêque de cette ville , ainsi que le clergé de son diocèse, persistait à conserver la barbe. Voici les termes de sa lettre : « Nous ordonnons donc que votre » évêque , notre frère, se rasera à l'exem- » ple de tout le clergé occidental : *Scilicet ut quemadmodum totius occidentalis clerus, ab ipsis] fidei Christiano primordiis barbam radendi morem tenuit, etc.* (Greg., pap. VII, *epist., lib.* 8, *ad Orzoc, judicem Calaritanum.*)

» En conséquence nous vous comman-

» dons de forcer tous les ecclésiastiques
» aussi qui sont sous votre puissance de se
» raser la barbe , et de confisquer tous les
» biens de ceux qui refuseraient d'obéir,
» au profit de l'église de Cagliari ; ar-
» mez-vous de sévérité, de peur que cet
» abus n'aille plus avant. »

En 1082 , il écrivait encore avec la même énergie au duc de Sardaigne, pour l'inviter à joindre ses efforts à ceux de l'archevêque, pour mener à bout cette réforme.

Dans la suite, les prêtres ne virent pas sans un vif chagrin qu'ils étaient séparés du reste des hommes par une distinction si humiliante.

Quel parti avaient-ils à prendre pour soulager leur amour-propre offensé? Afin de rétablir l'égalité, on se décida à faire la barbe à tous les laïques, et la prescription qui avait fauché les mentons des clercs s'étendit même à ceux des princes.

La barbe de Henri Ier, roi d'Angleterre, fut la première victime de la conjuration. *Serlon d'Abond* , évêque de Séez, dirigea les foudres de son éloquence contre les poils grisonnants de ce monarque, et se chargea lui-même de la conquête de cette royale toison.

Le jour de Pâques de l'année 1105, il prêcha devant Henri et toute la cour; le sermon roula tout entier sur la longueur excessive des barbes. Le roi, profondément touché et attendri, se décida le premier à donner l'exemple d'un sacrifice bien dur, mais qui lui paraissait indispensable; alors le prédicateur s'approchant, tira de sa manche une paire de ciseaux et tondit dévotement le menton du prince. Toute l'assistance imita la conduite du monarque, et le saint évêque devint ainsi le barbier de tout l'auditoire.

On aurait tort de mettre ce que je viens de raconter au rang des fables ; les détails de cette scène comique sont rapportés trèssérieusement par le père Mabillon, dans ses Annales bénédictines : *Moxque Episcopus, extractis manicâ forficibus, primò regem, post cœteros optimates attondisse, etc. (Annal. Benedict.,* lib. 70.)

J'ai dit plus haut que la barbe de Louis le Jeune avait subi le même sort quelques années après, entre les mains de Pierre Lombard, évêque de Paris, et que

Frédéric 1er, surnommé Barberousse, avait renoncé à la sienne parce qu'il n'avait pas eu la force de résister aux injonctions sacerdotales.

On lit dans le *Mercure de France* de janvier 1732, que le jour de Noël de l'an 1106, Godefroy, évêque d'Amiens, en célébrant l'office de la messe, conçut le projet de dépouiller sans miséricorde tous les mentons barbus; ceux qui se présentèrent à l'offrande avec une longue barbe furent honteusement renvoyés. Epouvantés de ce cruel refus, la plupart des hommes s'empressèrent de se couper le poil du menton, employant à la hâte des ciseaux et même des couteaux pour pouvoir se présenter plus dignement devant leur évêque.

Il suffisait au clergé d'avoir rasé les principaux princes de l'Europe pour voir beaucoup d'imitateurs dans le reste du peuple.

Tous les mentons furent donc rasés, et l'Eglise put jouir de son triomphe.

Mais ce régime de terreur ne pouvait toujours durer; les caprices de la mode triomphent de tout, même de l'anathème. Les successeurs de ces papes qui avaient regardé un prêtre barbu comme atteint d'un péché scandaleux, bientôt ne craignirent plus de pécher eux-mêmes ; et admirez les voies de la Providence, c'est à la mâchoire d'un pape, d'Honorius III, que la barbe vient refleurir au commencement du XIIIe siècle ! Elle orna successivement celle d'Alexandre IV, d'Adrien V, de Jean XX, de Nicolas III.

Au siècle suivant, elle s'épanouissait sur celle des monarques, serviles imitateurs des papes ; Louis V en Allemagne, Pierre le Cruel en Castille, Philippe de Valois en France, avaient repris la barbe. Les prêtres n'ont pas un caractère qui les mette à l'abri du pouvoir des modes, ils se soumirent en esclaves à celle qui rappelait la barbe sur les mentons.

Le calme ne devait pas être de longue durée ; bientôt un nouvel orage s'éleva contre les barbes du clergé ; en 1323, des statuts synodaux de l'Eglise d'Orléans défendent aux ecclésiastiques de porter des barbes longues, sous peine d'excommunication : *Statuta synodalia Ecclesiæ Aurelianensis, anno* 1323.

D'autres statuts synodaux de l'Eglise de Béziers ordonnent aux prêtres du diocèse de se tondre la barbe et les cheveux, à l'exception de la couronne, afin qu'ils s'occupent plus diligemment de leurs études, de leurs fonctions. *Statuta synodalia ecclesiæ Bitterensis. Thesaurus anecdotarum.*

Un concile provincial de Paris, un autre de Sens ordonnent la même chose; et pour punir un usage aussi téméraire, y est-il dit, on condamne les contrevenants: si c'est un chanoine, à être privé de la distribution du jour, et si c'est un bénéficier, à payer la somme de douze deniers applicables à l'Eglise : *Alioquin, canonicum privatum distributionibus illius diei esse volumus, beneficiatum puniri pœnâ duodecimorum denariorum pro usu temerario statuimus et mandamus fabricæ illius ecclesiæ applicandorum.*

Des statuts synodaux de l'Eglise de Saint-Malo, en 1370, condamnèrent aussi l'usage des barbes; et toutes les barbes sacerdotales furent tondues.

Celles des laïques ne furent pas enveloppées dans cette proscription, ce qui fit dire à quelques malicieux écrivains de l'époque, que le temps *où les prêtres pou-*

vaient faire impunément la barbe aux peuples et aux rois était passé.

Les moines avaient depuis long-temps prescrit des règles sur le régime de leur menton.

En 807, à l'assemblée d'Aix-la-Chapelle, on ordonna que les moines ne se raseraient pas de tout le Carême.

Les Chartreux, fondés par Saint Bruno en 1100, ne se rasaient le menton dans les premiers temps que dix fois par an ; mais plus tard, les prieurs, obligés par leurs fonctions de sortir de leurs cloîtres, furent autorisés à se raser une fois par semaine.

Dans certains monastères, la coupe de la barbe fut long-temps un acte solennel, on chantait l'*office des Morts*, les *Heures canoniales* pendant qu'on rasait les religieux ; les jours de barbe la règle du silence était suspendue, et les cénobites parlaient librement.

A la prise d'habit, on faisait la bénédiction de la barbe du candidat, et lorsqu'il était fait moine, il consacrait sa barbe à Dieu.

Quelques rituels des XIIe et XIIIe siècles

contiennent des oraisons prononcées lorsqu'on coupait la barbe des nouveaux tonsurés. Cette cérémonie se nommait *barbirasium*.

Dans quelques couvents la coupe de la barbe se faisait tous les quinze jours depuis l'équinoxe d'automne jusqu'à l'équinoxe du printemps, et tous les dix jours pendant le surplus de l'année.

Les religieux laïques, ou frères convers, s'appelaient *fratres barbati*; ils ne pouvaient se raser qu'une fois par mois. Si le convers s'écartait de la règle prescrite, il était condamné pour la première fois au pain et à l'eau pendant quatre samedis consécutifs; la récidive entraînait la prison. La manière dont les convers devaient se raser le visage était différente de celle usitée parmi les autres religieux; à la seule inspection de la barbe d'un moine on reconnaissait s'il était profès ou convers.

Le soin des rasoirs était confié à celui qui avait l'éminente fonction de nettoyer le dortoir, d'allumer les lampes, et de garnir de paille certain lieu où les besoins naturels appelaient les religieux, et où ils devaient entrer la tête enveloppée dans leur capuce.

Il était l'un des principaux officiers de la maison ; on le nommait le *frère Vestiaire*.

Il n'y avait qu'un cuir dans chaque monastère pour réparer les rasoirs ; la règle ordonnait de ne pas répandre l'eau qui servait à raser, de ne pas briser le vase qui la contenait ou déchirer le linge destiné à essuyer le visage. Toutes fautes que la lecture d'un psaume ou quelques coups de discipline devaient réparer.

Je termine cette digression sur la toilette des moines des xiie et xiiie siècles, pour revenir à mon sujet.

CHAPITRE XVIII.

Intolérance du clergé des provinces pour les longues barbes.
— La barbe cherche un abri derrière le trône. — Les chapitres de Clermont, du Mans, d'Orléans ne veulent pas d'évêques barbus. — Lutte du clergé contre les rois au sujet des barbes. — La Sorbonne décide que la barbe est contraire à la modestie sacerdotale. — Cabales sourdes. — Arrêt du parlement de Toulouse. — Conciles de Narbonne, de Reims, de Rouen. — En 1700, les prêtres quittent définitivement la barbe pour ne plus la reprendre ; ils ne la portent plus qu'en *couenne de lard.*
Poursuivie à outrance, la barbe cherche un dernier asile sur le menton des Capucins, et meurt bientôt avec cet ordre.
Statistique générale des peuples qui portent la barbe de nos jours.

Les orages amoncelés par plusieurs conciles provinciaux contre les barbes avaient cessé de gronder, et tout annonçait des jours plus calmes et plus sereins : aussi les longues barbes reparurent-elles avec leur majesté antique. Jules II en 1503 en donna le signal ; les cardinaux et toute l'Eglise suivirent avec empressement l'exemple de ce pape ; on oublia les anciennes disputes, ou bien l'on n'y pensa que pour gémir sur l'injustice de leur cause. L'orthodoxie des barbes était reconnue. Cependant l'intolérance en matière de barbe prit dans la province un caractère farouche : *Guillaume Duprat*, fils du chancelier de ce nom, revenant du concile de Trente en 1547, allait prendre possession de l'évêché de Clermont ; la cérémonie de l'installation avait été remise au saint jour de Pâques , il se présente porteur d'une barbe qui eût fait honneur au vénérable Priam, au respectable Mézence de l'Enéide, ou encore au digne Thermosiris du Télémaque, une barbe descendant à flots d'argent jusqu'à la ceinture : que rencontre-t-il sous le porche de son église métropolitaine ? Le doyen du Chapitre, escorté de deux acolytes. Le premier était armé d'un rasoir, l'autre brandissait d'énormes ciseaux, et le troisième tenait le livre des anciens statuts de cette église et montrait du doigt ces mots : *Barbis rasis,* en répétant : *Révérend père en Dieu, bar-*

bis rasis. Le péril était imminent, la résistance impossible ; mais *Guillaume Duprat* n'était point homme à faire le sacrifice de l'objet de ses affections. Au moment où l'orgue et la foule entonnaient les hymnes pieux, au moment où le trio barbicide étendait les mains pour saisir sa toison épiscopale, il lui jette son surplis et s'enfuit en s'écriant : *Je sauve ma barbe, et j'abandonne mon évêché.* Il se rendit sur-le-champ en son château de Beauregard, qui est à trois lieues de Clermont. Ce fut dans cette retraite qu'affecté violemment de l'affront que sa barbe avait reçu, il tomba malade et mourut, dit-on, de chagrin. (Tom. viii des *Causes célèbres ; Chanoine refusé pour être trop petit.*)

Cette funeste nouvelle fit frémir tout le clergé barbu. L'étendard de la révolte était levé; la ruine des barbes cléricales était résolue.

Mais le roi Henri II s'en montra toujours le défenseur. Une lettre, écrite de sa royale main le 27 décembre 1551 au clergé de la ville de Troyes, qui refusait *Antoine Caraciole* pour évêque, à cause de sa longue barbe, prouve le vif intérêt qu'il prenait aux barbes des prêtres de son

royaume : « Chers et bien amés, y est-il
» dit, pour ce que nous doutons que vous
» soyez pour faire difficulté de recevoir en
» votre église notre amé et féal cousin
» messire Antoine Caraciole, votre évesque,
» sans que premièrement il ait fait raser
» sa barbe, au moyen de quelques statuts
» que vous avez accoustumé d'observer en
» tel cas : A cette cause nous avons bien
» voulu écrire la présente pour vous prier
» que vous ne veuilliez arrêter à cela, mais
» l'en tenir, en faveur de nous, pour
» exempt, d'autant que nous avons déli-
» béré de l'envoyer en brief en quelque
» endroit hors du royaume pour affaires
» qui nous importent, où nous ne vou-
» drions pas qu'il allât sans ladite barbe.
» Nous assurant que vous le ferez ainsi,
» nous ne ferons plus longue lettre, si ce
» n'est que ferez, en ce faisant, chose qui
» nous sera agréable, vous disant à Dieu,
» chers et bien amés, qui vous ait en sa
» garde. » Donné à Fontainebleau. (*Amplis-
sima collectio veterum scriptorum*, tom. 1,
par Martenne et Durand.)

Dans la même année, les chanoines du
Mans ne voulurent pas recevoir le cardinal

d'Angennes pour leur évêque, à cause de sa longue barbe. Le roi leur écrivit encore pour les calmer, pour les engager *et néanmoins leur mander de recevoir leur nouveau prélat à son entrée, sans le requérir ni admonester de faire raser sa barbe, comme étant chose qui ne la peut ni doit empêcher.* Vains efforts. Le Chapitre ne voulut pas déférer aux ordres du roi. Par une conclusion capitulaire du 10 août, il fut arrêté que Sa Majesté serait humblement suppliée « que son bon plaisir fût de conserver et » maintenir les chanoines du Mans en » l'observance des constitutions canoniques, saints décrets, anciens statuts » et louables coustumes, de tout temps » observés en son église du Mans, comme » protecteur d'icelle. » Et il fallut que ce prince leur envoyât des lettres de jussion, par lesquelles il ordonnait au Chapitre du Mans de recevoir ledit évêque sans exiger de lui qu'il se rasât. Les chanoines protestèrent contre cette violence, mais ils cédèrent à l'autorité. En 1556 le même roi fit une semblable démarche auprès des chanoines d'Orléans, qui refusaient de recevoir *de Morvilliers* pour leur évêque, et l'évêque d'Amiens fut obligé de soutenir un grand procès avec les chanoines de son Chapitre pour défendre la cause de son menton.

Dans le même temps le Chapitre de Notre-Dame de Paris insista sur la barbe de Pierre *Lescot* qui se présentait pour être installé. Les vénérables capitulants balancèrent long-temps sur le parti qu'ils devaient prendre dans une conjoncture si délicate ; et ce ne fut pas sans peine que les anciens consentirent, attendu le mérite du sujet, à déroger aux sages règlements de leur église, et ce, sans tirer à conséquence.

Tandis que les Chapitres s'occupaient à faire la barbe à leurs évêques, toute la Sorbonne était en combustion pour savoir s'il convenait qu'un théologien eût du poil à l'extrémité du menton. La matière mise en délibération au *primâ mensis* de juillet 1562, il en résulta un décret par lequel il fut décidé que la barbe était contraire à la modestie qui doit être la principale vertu du prêtre : *Veniant baccalaurei cappati de domo ad scholam, et sic revertantur in domos suas : non deferant barbas, et veniant tonsi.*

Un arrêt du parlement de Toulouse défendit en même temps aux clercs de *porter*
la barbe. Ceux qui s'attachèrent à la lettre
plutôt qu'à l'esprit de cet arrêt, faisaient
porter leurs barbes par leurs valets.

Mais la persécution fortifie ce qu'elle
s'acharne à détruire : les barbes triomphè-
rent; on alla même jusqu'à leur donner une
forme plus gracieuse; on les frisa, en dé-
pit de la défense que fit à cet égard le clergé
de Bourges.

Malgré ses succès, ses apologistes et ses
chauds partisans, la barbe conservait des
ennemis cachés; la province était surtout
le théâtre de cabales sourdes, où s'ourdis-
saient à l'aise, loin de la cour et des puis-
sants barbus, des complots de vengeance
dont les effets éclatèrent souvent dans les
conciles provinciaux ; la plupart de ces conciles, mus par des sentiments opposés, se
contrariaient souvent dans leurs décisions.

Deux conciles tenus à Narbonne en 1551
avaient ordonné à tous les prêtres du diocèse de se raser au moins une fois le mois.

Un concile de Malines, en 1570, condamne absolument l'usage de porter la
barbe.

Un concile de Rouen, en 1581, ordonne aux prêtres de se raser entièrement la barbe que l'on regarde comme une chose, y est-il dit, qui déshonore le ministère des autels.

Un autre concile tenu à Reims en 1583, avertit seulement de se couper les poils de la lèvre supérieure, afin de pouvoir communier sans obstacle.

Toutes ces ordonnances éphémères n'eurent d'autres effets que de prolonger le règne des barbes des prêtres; elles fleurissaient encore sur leurs mentons lorsque les séculiers n'en portaient déjà plus.

La mode fit en peu de temps ce que tant d'efforts redoublés n'avaient pu opérer pendant plus d'un siècle.

Les ordres monastiques qui avaient obtenu le privilége de porter la barbe s'empressèrent de réclamer près du Vatican le droit de la raser. Personne, jusqu'aux Jésuites, ne voulait plus de cet ornement détrôné par la mode. Les Capucins furent les seuls qui, en mémoire de Saint François d'Assise, et en signe d'humilité, consentirent à lui rester fidèles.

Les Chartreux la gardèrent aussi.

Les Augustins qui portaient encore la barbe, rougirent de n'être plus à la mode ; ils envoyèrent le fameux père *Eustache* des Petits-Augustins de Paris, pour obtenir à Rome la permission de se raser le menton. On assure que le père *Eustache* apporta, dans cette négociation, toute l'adresse d'un diplomate consommé.

Quant à la papauté, elle renonça la dernière à la barbe dans la personne de Clément XI, en 1700. Presque tous les prêtres la quittèrent insensiblement pour ne plus la reprendre.

Ils ne la portèrent plus qu'en *couenne de lard, pour paroistre tousiours friants et fringants.* (Béroalde de Verville ; *Moyen de parvenir.*)

Depuis cette époque les barbes disparurent du menton sacerdotal, et n'ombragèrent plus que le visage des Capucins qui avaient voué un attachement inviolable à cette infortunée.

On a reproché à plusieurs communautés de Capucins d'avoir, dans de certaines occasions, caché leurs barbes. On a dit que ceux de Montpellier, vers le commencement de 1741, avaient représenté dans le réfectoire du couvent, la tragédie de *Polyeucte*, et dansé dans les entr'actes, pour fêter l'arrivée du provincial ; pour remplir les rôles de femmes ils avaient mis leur barbe dans une mentonnière de parchemin peinte en couleur de chair.

Les Capucins du grand couvent de Lyon, en 1755, donnèrent aussi un spectacle à leurs confrères du second couvent ; ils jouèrent pendant trois jours de suite les *Fourberies de Scapin* ; le père qui était chargé du rôle de Scapin le rendit avec beaucoup d'intelligence. On ajoute qu'un de ces révérends dansa avec beaucoup de grâce et de souplesse une danse d'Arlequin, et que pour remédier à l'inconvénient de sa longue barbe, il l'avait renfermée dans une bourse de taffetas couleur de rose.

A Grenoble et à Vienne, les Capucins jouèrent aussi la comédie, et couvrirent leurs barbes de la même manière.

C'est pour prouver qu'on ne laissait échapper aucune occasion de faire la guerre aux barbes capucinales, que nous rapportons ces anecdotes imprimées autrefois par les ennemis des Capucins.

On publia encore contre les disciples de Saint François plusieurs ouvrages écrits avec le fiel de la satire, tels que le *Rasibus,* ou le *Procès fait à la barbe des Capucins,* imprimé à Cologne, en 1718 ; la *Guerre séraphique, ou Histoire des périls qu'a courus la barbe des Capucins par les violentes attaques des Cordeliers.* (La Haye, 1740.)

On ne s'est pas contenté d'écrire ; les actions les plus violentes ont été employées par les ennemis des barbes capucinales. La triste catastrophe arrivée l'an 1761, aux Capucins de la ville d'Ascoli, dans la Marche d'Ancône, prouve jusqu'à quel point la vengeance des moines est féroce. Voici ce qu'on trouve dans la *Gazette d'Utrecht* du 26 juin 1761 : « Nos RR. PP. Capucins » n'ont maintenant plus de barbe. Un de » leurs frères convers, cuisinier du couvent, » ayant mis dans leurs aliments une dose » suffisante d'opium, les a tous débarbifiés » dans leur profond sommeil, et a ensuite » jeté le froc aux orties. Les Capucins sont « si honteux de cette aventure, qu'ils n'o- » sent plus se montrer en pub lic. »

Cette aventure a fourni le sujet d'un livre intitulé : *Les Capucins sans barbe.*

Ainsi la flamme dévora les derniers poils qui ombrageaient encore quelques mentons monastiques ; le règne de la barbe était passé pour le clergé et pour les ordres religieux.

Quatorze lustres devaient s'écouler avant de la voir renaître de ses cendres. Après cet interrègne, le soleil de juillet se leva radieux et la fit refleurir, sous son influence vivifiante, comme une abondante moisson, sur presque tous les visages français.

Nonobstant les prêtres continuèrent à lui garder rancune.

Je termine par un résumé succinct de la répartition actuelle des barbes sur le globe.

En Europe, tous les moines espagnols et portugais, les prêtres et les paysans russes, tous les prêtres du rit grec, les juifs allemands, les anabaptistes, sont les seuls qui portent une bongue barbe.

Celle des prêtres catholiques romains seule a succombé.

Presque tous les peuples de l'Asie portent, suivant leur âge, les moustaches ou la barbe plus on moins longue.

Les peuples soumis à la loi de Mahomet

portent la moustache jusqu'à l'âge de qua-
rante ans, époque à laquelle ils laissent
croître leurs barbes, qu'ils conservent toute
leur vie.

Toute la partie septentrionale de l'A-
frique est habitée par des hommes barbus.

La nature a refusé la barbe aux différentes peuplades de nègres qui occupent
l'intérieur peu connu de cette partie du
monde.

Dans la plupart des îles de la mer Paci-
fique, les hommes conservent leur barbe,
et quelques-uns leur donnent différentes
couleurs.

Pauw, auteur des *Recherches philosophi-
ques sur les Américains*, le docteur Robertson,
et beaucoup d'autres historiens respectables,
soutiennent que tous les naturels de l'Amérique ont le menton absolument dépourvu
de barbe; ils n'en exceptent que les Es-
quimaux, habitants de l'Amérique septentrionale.

Cependant le capitaine Cook affirme que
tous les habitants de la côte occidentale du
Nouveau-Monde portent des barbes longues
et lisses comme les cheveux.

Dans l'intérieur de l'Amérique, le capitaine Carver a rencontré des sauvages avec de longues barbes au menton.

Le masque de l'armure de Montézuma, dernier roi du Mexique, conservé à Bruxelles, et sur lequel on voit de très-larges moustaches, confirme les assertions des capitaines Cook et Carver, et prouve que l'assertion des historiens contre les barbes américaines est au moins douteuse, si elle n'est pas dénuée de fondement.

D'après les observations recueillies avec un soin scrupuleux par Bougainville et Dumont d'Urville, il reste démontré que les peuples qui habitent les zônes tempérées, et qui sont le plus avantageusement favorisés par la nature, sont aussi les plus riches en barbe.

FIN.

TABLE DES CHAPITRES.

—s❊e—

	Pages.
Prolégomènes.	1
Chapitre 1er.	1
Chapitre II	9
Chapitre III.	15
Chapitre IV.	19
Chapitre V.	25
Chapitre VI.	33
Chapitre VII.	37
Chapitre VIII.	45
Chapitre IX	51
Chapitre X.	61
Chapitre XI.	71
Chapitre XII.	75
Chapitre XIII.	88
Chapitre XIV.	99

Chapítre xv.   107
Chapitre xvi   115
Chapitre xvii.   123
Chapitre xviii.   139

FIN DE LA TABLE.

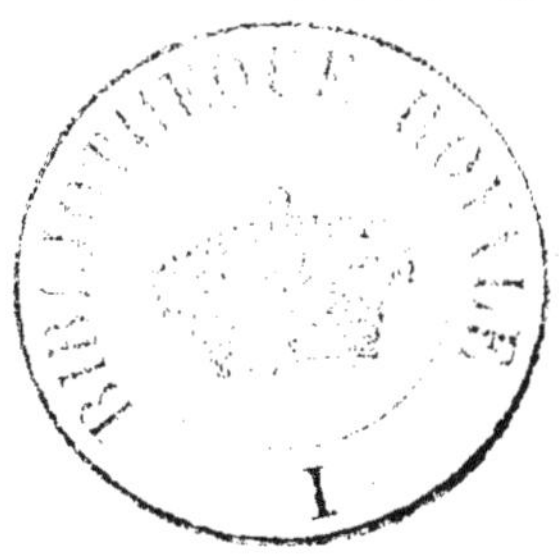

IMP. DE ASSY ET COMP., A REIMS,